Sophie A. Carter

Anxiety

Von A wie Angstzustände bis Z wie Zuversicht – Dein Handbuch für den Weg aus der Angst

Impressum

Titel: *Anxiety - von A wie Angstzustände bis Z wie Zuversicht – Dein Handbuch für den Weg aus der Angst*

Autorin: Sophie A. Carter

Copyright: © 2025 Sophie A. Carter

Verlag: BoD · Books on Demand GmbH, Überseering 33, 22297 Hamburg. bod@bod.de

Druck: Libri Plureos GmbH, Friedensallee 273, 22763 Hamburg

ISBN: 978-3-7693-0682-8

Covergestaltung & Buchsatz: Sophie A. Carter

Erstveröffentlichung: Mai 2025

Haftungsausschluss

Dieses Buch ersetzt keine medizinische, psychologische oder psychotherapeutische Beratung oder Behandlung. Die Inhalte dienen ausschließlich der allgemeinen Information und Selbstreflexion. Die Anwendung der vorgestellten Inhalte erfolgt eigenverantwortlich. Die Autorin übernimmt keine Haftung für etwaige Folgen.

Personen mit gesundheitlichen oder psychischen Beschwerden wird geraten, qualifizierte medizinische Fachpersonen zu konsultieren.

Haftungsausschluss

Dieses Buch bietet Informationen und Techniken zur Bewältigung von Angstzuständen, die auf den persönlichen Erfahrungen und Recherchen der Autorin basieren. Es handelt sich nicht um eine medizinische oder psychologische Beratung und ersetzt keinesfalls den Rat oder die Behandlung durch qualifizierte Fachleute. Bei anhaltenden oder schweren Angstzuständen wird dringend empfohlen, professionelle Hilfe in Anspruch zu nehmen. Die Autorin übernimmt keine Haftung für eventuelle Schäden oder Konsequenzen, die aus der Anwendung der in diesem Buch vorgestellten Inhalte entstehen könnten

Inhaltsverzeichnis

Einleitung: Warum dieses Buch dir helfen wird

Angst kann ein Schatten sein, der dich auf Schritt und Tritt begleitet. Vielleicht kennst du das Gefühl, wenn dein Herz plötzlich rast, deine Hände feucht werden und deine Gedanken wie ein endloser Strom aus Sorgen und Worst-Case-Szenarien kreisen. Vielleicht hast du erlebt, wie Panikattacken dich unerwartet aus dem Leben reißen, wie Trigger aus heiterem Himmel alte Wunden aufreißen und dich in einen Strudel aus Hilflosigkeit ziehen.

Wenn du dieses Buch in der Hand hältst, dann bedeutet das, dass du bereit bist, etwas zu ändern. Vielleicht wünschst du dir endlich wieder ein Leben ohne ständige Angst, ohne das beklemmende Gefühl, eingesperrt zu sein. Vielleicht willst du verstehen, warum deine Angst so mächtig ist, warum sie dich immer wieder einholt, selbst wenn du dich stark fühlst. Und vielleicht hast du dir genau diese Fragen schon oft gestellt: Warum passiert das ausgerechnet mir? Wie komme ich aus dieser Spirale wieder heraus? Gibt es einen Weg, meine Angst endlich zu besiegen?

Die Antwort ist: Ja! Und du bist nicht allein.

Dieses Buch ist für dich geschrieben worden. Es ist dein Begleiter auf deiner Reise in ein angstfreies Leben. Ich werde dich nicht mit trockener Theorie oder wissenschaftlichen Begriffen überfluten. Stattdessen werde ich dir zeigen, wie du deine Angst verstehen, akzeptieren und letztendlich kontrollieren kannst.

Du wirst lernen, warum dein Gehirn so auf Angst programmiert ist und wie du diese Programmierung umschreiben kannst. Wir werden gemeinsam Strategien erarbeiten, die dir nicht nur kurzfristig Erleichterung verschaffen, sondern dich auch langfristig stärker und selbstbewusster machen.

Warum dieses Buch anders ist

Viele Ratgeber geben dir oberflächliche Tipps oder motivierende Sprüche, die sich gut anhören, aber in der Praxis kaum helfen. Dieses Buch geht tiefer. Wir werden uns nicht nur mit den Symptomen deiner Angst beschäftigen, sondern mit ihren Wurzeln. Wir werden uns ansehen, warum bestimmte Situationen in dir Panik auslösen, warum sich dein Körper so verhält, wie er es tut, und wie du mit einfachen, aber wirkungsvollen Techniken wieder Kontrolle gewinnst.

In diesem Buch findest du praktische Werkzeuge für deinen Alltag, die dir helfen, deine Ängste zu reduzieren. Ich werde dir effektive Methoden zeigen, um Panikattacken in Echtzeit zu entschärfen, Trigger zu erkennen und zu entschärfen und eine neue innere Sicherheit aufzubauen. Denn Angst kann nur dort existieren, wo Unsicherheit herrscht. Sobald du lernst, dich sicher zu fühlen, verliert die Angst ihre Macht über dich.

Der wichtigste Schritt ist bereits getan: Du hast dieses Buch aufgeschlagen. Das zeigt, dass du bereit bist, dich mit deiner Angst auseinanderzusetzen, anstatt vor ihr wegzulaufen. Das bedeutet nicht, dass der Weg leicht sein wird. Aber es bedeutet, dass du ihn nicht alleine gehen musst.

Lass uns gemeinsam herausfinden, wie du aus dem Schatten der Angst treten kannst – Schritt für Schritt, mit Verständnis, Geduld und der Gewissheit, dass du stärker bist, als du denkst.

Bist du bereit? Dann lass uns anfangen!

Kapitel 1: Angst verstehen – Der Feind in deinem Kopf

Kapitel 1: Angst verstehen – Der Feind in deinem Kopf

Angst ist eine der stärksten Emotionen, die wir als Menschen empfinden können. Sie ist tief in unserem Gehirn verankert, ein uralter Überlebensmechanismus, der uns vor Gefahren schützen soll. In der Steinzeit war Angst essenziell: Sie half uns, Raubtieren zu entkommen, uns vor giftigen Pflanzen zu hüten und bedrohliche Situationen zu vermeiden. Doch heute, in einer Welt, in der wir selten wilden Tieren begegnen oder ums nackte Überleben kämpfen müssen, hat sich unsere Angst verlagert. Statt um physische Bedrohungen geht es nun oft um soziale Ängste, Zukunftsängste, Ängste vor Kontrollverlust oder Versagen. Aber das Gehirn unterscheidet nicht zwischen einer realen Bedrohung und einer subjektiv empfundenen Gefahr – es reagiert mit demselben Stressmechanismus.

Vielleicht hast du dich selbst schon einmal gefragt: **Warum habe ich solche Angst? Warum reagiert mein Körper so extrem, obwohl ich eigentlich weiß, dass keine echte Gefahr besteht?** Genau diese Fragen werden wir in diesem Kapitel beantworten. Denn um die Angst zu besiegen, müssen wir sie zuerst verstehen.

Woher deine Angst wirklich kommt

Viele Menschen erleben Angst als etwas, das plötzlich auftaucht – scheinbar ohne Grund. Vielleicht stehst du morgens auf, fühlst dich eigentlich gut, und auf einmal spürst du ein Unwohlsein in der Brust, dein Puls beschleunigt sich und eine diffuse Unruhe macht sich breit. Vielleicht bekommst du Panik, wenn du dich in engen Räumen befindest, oder du wirst nervös, wenn du eine Rede halten sollst. Doch diese Angst ist kein Zufall. Sie hat ihre Wurzeln – und diese liegen oft viel tiefer, als du denkst.

Die Rolle der Kindheit und früher Erfahrungen

Unsere ersten Lebensjahre prägen unser Angstverhalten stärker, als wir oft glauben. Vielleicht erinnerst du dich an bestimmte Situationen aus deiner Kindheit, in denen du dich machtlos gefühlt hast: Eltern, die gestritten haben, eine Lehrerin, die dich bloßgestellt hat, eine unangenehme Erfahrung mit anderen Kindern. Unser Gehirn speichert solche Erlebnisse nicht nur ab, sondern verknüpft sie mit starken Emotionen. Je intensiver die Emotion, desto tiefer setzt sich das Erlebte in unser Unterbewusstsein.

Ein Beispiel: Wenn du als Kind einmal von einem Hund gebissen wurdest, könnte dein Gehirn diese Erfahrung so tief abspeichern, dass du als Erwachsener eine irrationale Angst vor Hunden entwickelst – selbst dann, wenn du weißt, dass der Hund vor dir freundlich ist. Unser Gehirn lernt durch Erfahrung, doch es unterscheidet nicht zwischen realer Gefahr und einem gespeicherten Gefühl aus der Vergangenheit.

Diese Mechanismen gelten nicht nur für offensichtliche Ängste wie die vor Hunden oder Höhe, sondern auch für tiefere Ängste – Angst vor Ablehnung, Angst vor Versagen, Angst davor, nicht gut genug zu sein. Wenn du als Kind das Gefühl hattest, dass du immer perfekt sein musstest, um geliebt zu werden, kann sich das im Erwachsenenalter in einem übertriebenen

Perfektionismus äußern – oder in einer lähmenden Angst davor, Fehler zu machen.

Wie das Gehirn Angst speichert

Unser Gehirn speichert Angst auf mehreren Ebenen ab. Es gibt den bewussten Verstand, der rationale Gedanken verarbeitet, aber es gibt auch das limbische System, das für Emotionen und unbewusste Reaktionen zuständig ist. Wenn du in einer angstauslösenden Situation bist, dann wird dein Gehirn innerhalb von Millisekunden eine Einschätzung treffen: **Ist das gefährlich oder nicht?**

Dafür gibt es einen kleinen Teil des Gehirns namens Amygdala, auch als „Angstzentrum" bekannt. Wenn die Amygdala Gefahr wittert, sendet sie sofort ein Signal an den Körper: Der Herzschlag beschleunigt sich, die Atmung wird flacher, die Muskeln spannen sich an – dein Körper bereitet sich auf Kampf oder Flucht vor. Das Problem ist, dass die Amygdala nicht zwischen echter und eingebildeter Gefahr unterscheiden kann. Wenn du einmal eine schlechte Erfahrung mit einer bestimmten Situation gemacht hast, kann allein der Gedanke daran reichen, um das ganze System in Alarmbereitschaft zu versetzen.

Diese tiefen neuronalen Verknüpfungen sind der Grund, warum Angst so schwer zu kontrollieren scheint. Es fühlt sich oft an, als ob der Körper gegen dich arbeitet – als ob die Angst dich übermannt, ohne dass du etwas dagegen tun kannst. Aber genau hier liegt die Lösung: Sobald du verstehst, dass deine Angst nicht gegen dich ist, sondern eine Schutzfunktion darstellt, kannst du anfangen, mit ihr zu arbeiten, anstatt gegen sie anzukämpfen.

Angst ist ein paradoxes Phänomen. Je mehr wir versuchen, sie zu vermeiden, desto stärker wird sie. Vielleicht hast du dich schon einmal in einer Situation wiedergefunden, in der du Angst vor der Angst hattest. Du spürst ein leichtes Unwohlsein, dein Puls wird schneller – und sofort schaltet dein Gehirn in den Alarmmodus: *Was, wenn ich jetzt eine Panikattacke bekomme? Was, wenn ich mich blamiere? Was, wenn ich die Kontrolle verliere?* Diese Gedanken feuern weitere Stresshormone in dein System, was die körperlichen Symptome verstärkt – und genau das bestätigt die Angst: *Siehst du? Es passiert schon wieder!*

Dieser Mechanismus ist der Grund, warum sich Angst mit der Zeit verstärken kann. Sie beginnt oft mit einer einzelnen schlechten Erfahrung, aber je mehr du dich mit ihr beschäftigst, desto mächtiger wird sie. Doch hier kommt die gute Nachricht: **Angst kann nicht für immer bestehen bleiben.** Sie hat einen Anfang – und sie hat ein Ende. Deine Aufgabe ist es, den Moment zu erkennen, in dem die Angst aufsteigt, und stattdessen einen neuen Weg zu wählen.

Der erste Schritt: Bewusstsein schaffen

Wenn du deine Angst verstehen willst, musst du beginnen, sie bewusst wahrzunehmen. Statt vor ihr wegzulaufen oder sie zu unterdrücken, solltest du lernen, sie neugierig zu beobachten.

Versuche, folgende Fragen zu stellen, wenn Angst aufkommt:

- Wo genau in meinem Körper spüre ich die Angst?

- Welche Gedanken gehen mir durch den Kopf?

- Habe ich diese Situation schon einmal erlebt? Wann war das?

- Welche Annahmen über mich selbst oder die Welt verstärken meine Angst?

- Gibt es eine realistische Grundlage für diese Angst – oder ist sie nur eine alte Geschichte aus der Vergangenheit?

Allein durch das bewusste Wahrnehmen beginnt der Angstmechanismus sich abzuschwächen. Denn wenn du deine Angst beobachtest, distanzierst du dich bereits ein Stück von ihr. Sie ist dann nicht mehr **du**, sondern eine Reaktion deines Gehirns – und damit etwas, das du beeinflussen kannst.

Wie dein Nervensystem Angst reguliert

Angst ist nicht nur ein mentales oder emotionales Problem – sie wirkt sich tief auf unser Nervensystem aus. Unser Körper besitzt zwei zentrale Regelsysteme, die bestimmen, wie wir auf Stress und Angst reagieren: das sympathische und das parasympathische Nervensystem.

Das **sympathische Nervensystem** ist der Aktivierungsmodus unseres Körpers. Wenn Gefahr droht – oder wenn dein Gehirn eine Bedrohung wahrnimmt – schaltet es diesen Modus an. Adrenalin wird ausgeschüttet, deine Muskeln spannen sich an, dein Herz schlägt schneller, du bist bereit für „Kampf oder Flucht". Das Problem bei anhaltender Angst ist, dass dein Körper in diesem Zustand stecken bleibt – selbst dann, wenn keine reale Bedrohung existiert.

Das **parasympathische Nervensystem** ist hingegen für Entspannung und Regeneration zuständig. Wenn du tief durchatmest, dich sicher fühlst oder dich bewusst beruhigst, wird dieser Modus aktiviert. Hier liegt der Schlüssel: **Angst wird nicht dadurch gelöst, dass du sie bekämpfst – sondern indem du dein Nervensystem lernst, bewusst in den Entspannungsmodus zu bringen.**

Der **Vagusnerv** ist einer der wichtigsten Nerven für deine emotionale Regulierung. Er verbindet dein Gehirn mit deinem Herz, deinen Lungen und deinem Verdauungssystem. Durch gezielte Techniken kannst du den Vagusnerv aktivieren, um dein Nervensystem aus dem Angstmodus herauszuholen:

1. **Tiefe Bauchatmung** – Atme 4 Sekunden lang tief ein, halte den Atem für 4 Sekunden und atme langsam für 6-8 Sekunden aus. Diese verlängerte Ausatmung signalisiert deinem Körper Sicherheit.

2. **Summen oder Singen** – Der Vagusnerv verläuft entlang des Kehlkopfs. Wenn du summst oder tief atmest, wird er stimuliert, was zur Beruhigung führt.

3. **Kälteexposition** – Kaltes Wasser im Gesicht oder eine kurze kalte Dusche kann das Nervensystem umschalten und dich aus einer Angstspirale herausholen.

4. **Bewusstes Gähnen oder Seufzen** – Diese natürlichen Körperreaktionen helfen dabei, Anspannung loszulassen.

Diese einfachen Techniken sind sofort anwendbar und helfen dir, deine Angst nicht nur kognitiv, sondern auch körperlich zu regulieren.

Warum Vermeidung deine Angst verstärkt

Eine der größten Fallen im Umgang mit Angst ist die **Vermeidung**. Wenn du Angst vor Fahrstühlen hast und diese immer meidest, lernt dein Gehirn: *Fahrstühle sind gefährlich*. Beim nächsten Mal wird die Angst stärker sein. Dieses Prinzip gilt für alle Ängste – je mehr du ihnen ausweichst, desto mehr bestätigst du ihnen ihre Macht.

Die Konfrontationsstrategie: Angst in kleinen Schritten besiegen

Statt Vermeidung kannst du gezielt **Expositionstraining** nutzen – das bedeutet, dich schrittweise deiner Angst zu stellen, um deinem Gehirn zu zeigen, dass keine echte Gefahr besteht.

1. **Liste deine Ängste in einer Rangordnung auf** – Notiere Situationen, die dir Angst machen, von „leicht unangenehm" bis „extrem angstauslösend".

2. **Starte mit dem leichtesten Schritt** – Stell dich einer milden Situation, z. B. indem du in einen Fahrstuhl steigst, aber die Tür offen lässt.

3. **Bleib in der Angst, bis sie nachlässt** – Dein Körper kann Angst nicht dauerhaft aufrechterhalten. Wenn du in der Situation bleibst, wird die Angst nach wenigen Minuten schwächer.

4. **Steigere dich langsam** – Sobald du eine Stufe bewältigt hast, gehst du zur nächsten über.

Diese Methode ist wissenschaftlich erwiesen und eine der effektivsten Strategien zur Überwindung von Angststörungen.

Wie du deine inneren Glaubenssätze umprogrammierst

Hinter Angst stehen oft tief verwurzelte Überzeugungen wie:

- *„Ich bin nicht stark genug, um das zu schaffen."*

- *„Wenn ich einen Fehler mache, verliere ich alles."*

- *„Ich werde von anderen negativ bewertet."*

Diese **Glaubenssätze** sind oft nicht bewusst, aber sie beeinflussen unser Denken und Handeln. Um sie zu verändern, kannst du gezielt mit **Affirmationen und kognitiver Umstrukturierung** arbeiten.

Übung: Den inneren Kritiker entlarven

1. **Schreibe negative Gedanken auf**, die in Angstmomenten auftauchen.

2. **Hinterfrage diese Gedanken** – Ist das wirklich wahr? Gibt es Beweise für das Gegenteil?

3. **Formuliere den Gedanken um** – Statt *„Ich bin schwach"* sagst du *„Ich habe schon viele schwierige Situationen gemeistert."*

4. **Wiederhole den neuen Glaubenssatz täglich** – Dein Gehirn lernt durch Wiederholung.

Diese Methode erfordert Übung, aber sie kann langfristig dein Selbstbild und dein Angstempfinden nachhaltig verändern.

Angstbewältigung ist ein Prozess, der individuell gestaltet werden muss. Hier sind einige ergänzende Strategien, die du ausprobieren kannst:

- **Meditation und Achtsamkeit**: Studien zeigen, dass regelmäßige Meditation das Angstzentrum im Gehirn verkleinern kann. Schon 10 Minuten am Tag können helfen.

- **Bewegung und Sport**: Körperliche Aktivität baut Stresshormone ab und reguliert das Nervensystem. Besonders Ausdauersportarten wie Laufen oder Schwimmen sind hilfreich.

- **Ernährung optimieren**: Koffein, Zucker und Alkohol können das Angstempfinden verstärken. Eine ausgewogene Ernährung mit ausreichend Magnesium, Omega-3-Fettsäuren und B-Vitaminen kann helfen.

- **Soziale Unterstützung**: Sprich mit Menschen, die dir guttun. Angst wächst in Isolation – offene Gespräche können Wunder bewirken.

- **Journaling**: Schreibe täglich auf, welche Ängste du hattest, wie du darauf reagiert hast und was dir geholfen hat. Dies fördert Selbstreflexion und Fortschritt.

Langfristige Veränderungen schaffen

Der Schlüssel zur Überwindung von Angst liegt in **kontinuierlicher Praxis**. Es ist kein linearer Prozess – es wird Tage geben, an denen du dich stark fühlst, und Tage, an denen die Angst wieder präsenter ist. Wichtig ist, dass du dranbleibst und nicht aufgibst.

Denk daran: Angst ist nicht dein Feind. Sie ist eine Schutzfunktion deines Körpers, die in manchen Situationen überaktiv ist. Indem du lernst, sie zu regulieren, ihr Raum zu geben, aber nicht von ihr kontrolliert zu werden, kannst du langfristig mehr Freiheit und Lebensqualität gewinnen.

Der Einfluss deiner Vergangenheit auf deine Ängste

Häufig entstehen tiefe Ängste nicht erst im Erwachsenenalter, sondern wurzeln in unserer Vergangenheit. Vielleicht hast du als Kind Situationen erlebt, in denen du dich hilflos, klein oder ohnmächtig gefühlt hast. Unser Gehirn speichert diese Erlebnisse nicht nur als Erinnerung, sondern auch als emotionale Erfahrung ab. Diese Erfahrungen können unbewusst Ängste in deinem Erwachsenenleben auslösen.

Innere Kind-Arbeit: Ängste an der Wurzel auflösen

Eine wirksame Methode, um vergangene Ängste zu verarbeiten, ist die sogenannte **Innere Kind-Arbeit**. Dabei stellst du dir dein jüngeres Ich vor und versuchst, mit ihm in einen Dialog zu treten.

1. **Finde die Ursache deiner Angst** – Gibt es eine Situation in deiner Kindheit, in der du dich ähnlich gefühlt hast?

2. **Visualisiere dein inneres Kind** – Stell dir vor, du begegnest deinem jüngeren Ich. Wie alt ist es? Wie fühlt es sich?

3. **Sprich mit deinem inneren Kind** – Sag ihm das, was du damals gebraucht hättest: „Du bist sicher", „Du bist nicht allein", „Du bist wertvoll".

4. **Gib deinem inneren Kind Trost und Sicherheit** – Vielleicht in Form einer Umarmung oder indem du es an einen sicheren Ort führst.

Diese Technik hilft, alte Wunden zu heilen und tiefsitzende Ängste sanft aufzulösen. Je mehr du mit diesem Teil in dir arbeitest, desto mehr Frieden kannst du mit deiner Vergangenheit schließen.

Zusammenfassung: Angst ist veränderbar

Dieses Kapitel war der erste Schritt auf deinem Weg zur Überwindung der Angst. Du hast gelernt, dass Angst nicht aus dem Nichts kommt – sie hat Ursachen, die oft tief in deiner Vergangenheit liegen. Du hast erkannt, dass dein Gehirn Angst speichert, um dich zu schützen, aber dass du diese Mechanismen neu programmieren kannst. Und du hast verstanden, dass Angst nicht für immer bleiben muss – sie ist veränderbar.

Im nächsten Kapitel wirst du lernen, **wie du Panikattacken in Echtzeit entschärfen kannst** und welche Methoden dir helfen, auch in akuten Angstmomenten die Kontrolle über deinen Körper und Geist zu behalten.

Kapitel 2: Panikattacken – Erste Hilfe für akute Angstzustände

Panikattacken sind eine der beängstigendsten Erfahrungen, die ein Mensch durchleben kann. Sie kommen oft plötzlich, ohne Vorwarnung, und fühlen sich so überwältigend an, dass viele Betroffene glauben, die Kontrolle zu verlieren, ohnmächtig zu werden oder sogar zu sterben. Doch so real diese Symptome auch wirken – eine Panikattacke ist nicht lebensgefährlich. Sie ist das Ergebnis eines überaktiven Stresssystems, das in diesem Moment die Kontrolle übernimmt.

Dieses Kapitel wird dir helfen, Panikattacken nicht nur zu verstehen, sondern auch, wie du in akuten Momenten richtig handelst, um die Attacke abzumildern oder sogar zu verhindern. Du bist nicht machtlos – du kannst lernen, mit Panikattacken umzugehen und ihnen die Kontrolle über dein Leben zu nehmen.

Die Wissenschaft hinter Panikattacken

Um Panikattacken zu verstehen, müssen wir tiefer in die Biologie und Psychologie dahinter eintauchen. Angst ist eine der grundlegendsten Überlebensmechanismen des Menschen. Sie schützt uns vor realen Gefahren, indem sie den Körper in einen Alarmzustand versetzt. Doch was passiert, wenn dieses System eine „Fehlzündung" hat?

- Amygdala: Sie ist das Zentrum der Angstverarbeitung und schickt in Gefahrensituationen Alarmsignale an den Rest des Körpers.

- Hypothalamus: Er reagiert auf diese Signale, indem er das sympathische Nervensystem aktiviert.

- Nebennieren: Diese setzen Adrenalin und Cortisol frei, um den Körper auf eine Flucht- oder Kampfreaktion vorzubereiten.

- Frontallappen: Dieser Teil des Gehirns ist für rationales Denken zuständig, doch bei einer Panikattacke wird seine Funktion heruntergefahren.

Das bedeutet, dass dein Körper in einem Notfallmodus operiert – auch wenn keine reale Bedrohung existiert.

1. Die progressive Muskelentspannung nach Jacobson

Diese bewährte Technik hilft, den Körper systematisch zu entspannen und die Symptome einer Panikattacke zu reduzieren.

Anleitung:

1. Setze oder lege dich bequem hin.

2. Spanne eine Muskelgruppe (z. B. deine Fäuste) für fünf Sekunden fest an.

3. Lasse die Spannung los und spüre bewusst nach.

4. Wiederhole diesen Vorgang mit jeder Muskelgruppe deines Körpers – vom Gesicht bis zu den Füßen.

Diese Technik signalisiert deinem Gehirn, dass dein Körper nicht in Gefahr ist, und kann akute Panikattacken verkürzen.

---

2. Die „5-4-3-2-1"-Methode zur Erdung

Diese Methode hilft, sich aus dem Panikzustand ins Hier und Jetzt zurückzubringen.

- 5 Dinge sehen: Nenne fünf Dinge in deiner Umgebung.

- 4 Dinge fühlen: Spüre vier verschiedene Texturen mit deinen Händen.

- 3 Dinge hören: Höre bewusst auf drei Geräusche in deiner Umgebung.

- 2 Dinge riechen: Konzentriere dich auf zwei verschiedene Gerüche.

- 1 Sache schmecken: Iss oder trinke etwas und konzentriere dich darauf.

Diese Übung hilft, sich auf die Sinne zu fokussieren und das Angstkarussell zu durchbrechen.

3. Kognitive Umstrukturierung – Negative Gedanken hinterfragen

Panikattacken werden oft durch irrationale Gedanken verstärkt. Diese Technik hilft dir, sie zu hinterfragen und in eine realistische Perspektive zu rücken.

Beispiel:

- Angstgedanke: „Ich werde gleich ohnmächtig!"

- Realitätscheck: „Bin ich schon einmal durch eine Panikattacke ohnmächtig geworden?"

- Neuer Gedanke: „Mein Körper ist nur in Alarmbereitschaft, aber ich bin sicher."

Das Ziel ist, automatische, angstverstärkende Gedanken durch rationalere Alternativen zu ersetzen.

Wenn du Angst hast, scheint sie oft unkontrollierbar. Doch wenn du ihr bewusst Raum gibst, verlierst du die Angst vor der Angst.

So funktioniert es:

- Plane dir eine feste „Angst-Zeit" pro Tag ein. Zum Beispiel 15 Minuten um 18 Uhr.

- In dieser Zeit darfst du dich bewusst mit deiner Angst beschäftigen. Schreibe deine Gedanken auf, erlaube dir, nervös zu sein.

- Außerhalb dieser Zeit sagst du dir: „Ich beschäftige mich später damit."

Diese Methode nimmt der Angst die Unberechenbarkeit – du zeigst deinem Gehirn, dass du die Kontrolle hast.

5. Die „Gedanken-Umkehr"-Methode zur kognitiven Neuprogrammierung

Oft sind es nicht die Situationen selbst, die Panik auslösen, sondern unsere Interpretation dieser Situationen. Die „Gedanken-Umkehr"-Methode hilft dir, diese Gedanken bewusst umzudrehen.

So funktioniert es:

1. Erkenne den angstauslösenden Gedanken. Zum Beispiel: „Ich werde in dieser Situation zusammenbrechen."

2. Hinterfrage ihn: Gibt es Beweise dafür? Ist das wirklich eine unausweichliche Wahrheit?

3. Finde mindestens drei Gegenbeweise: Wann hast du ähnliche Situationen gut gemeistert? Was würde ein Außenstehender dazu sagen?

4. Ersetze den Gedanken durch eine hilfreiche Perspektive: „Ich habe schon viele Herausforderungen gemeistert. Mein Körper beruhigt sich von selbst."

Diese Technik stammt aus der kognitiven Verhaltenstherapie und hilft dir langfristig, deine Denkweise in Stressmomenten zu verändern.

6. Die „Zukunfts-Ich"-Technik für mehr Vertrauen in dich selbst

Angst macht uns oft hilflos. Doch dein Zukunfts-Ich hat bereits gelernt, mit Panikattacken umzugehen. Diese Übung hilft dir, eine Verbindung zu deinem selbstbewussteren Ich herzustellen.

Übung:

- Schließe die Augen und stelle dir vor, du begegnest deinem zukünftigen Ich in fünf Jahren.

- Dieses zukünftige Ich hat keine Panikattacken mehr, lebt entspannt und gelassen.

- Frage dein Zukunfts-Ich: *„Wie hast du das geschafft? Was hat dir geholfen?"*

- Lass dein Zukunfts-Ich dir einen Rat geben. Schreibe ihn auf.

Diese Übung hilft, Hoffnung zu schöpfen und sich selbst zu vertrauen, dass der Weg aus der Angst möglich ist.

7. Körpergedächtnis-Training: Den Körper sicher fühlen lassen

Panik entsteht nicht nur im Kopf, sondern auch im Körper. Dein Körper speichert Erfahrungen ab – deshalb ist es wichtig, ihn auf „Sicherheit" umzuprogrammieren.

Übung:

- Nimm eine aufrechte, kraftvolle Haltung ein.

- Atme tief und ruhig in den Bauch.

- Sage laut oder innerlich: *„Ich bin stark. Ich bin sicher."*

- Wiederhole diese Übung täglich, auch wenn du dich nicht ängstlich fühlst. Dein Körper wird lernen, dass er in Ruhe bleiben kann.

Diese Methode wird oft in der Traumatherapie genutzt, um das Nervensystem neu zu regulieren.

Vertiefende Atemtechniken zur Panikbewältigung

Neben den klassischen Atemübungen gibt es fortgeschrittene Techniken, die dein Nervensystem noch schneller beruhigen können.

8. Wechselatmung für mehr Balance

Diese Atemtechnik aus dem Yoga beruhigt das vegetative Nervensystem und hilft, Panik zu reduzieren.

So geht es:

1. Setze dich bequem hin und schließe die Augen.

2. Halte mit dem Daumen ein Nasenloch zu und atme tief durch das andere ein.

3. Halte den Atem kurz an, dann wechsle die Seite und atme durch das andere Nasenloch aus.

4. Wiederhole dies für 2-3 Minuten.

Diese Technik harmonisiert den Körper und kann Panikattacken vorbeugen.

9. Der Vagusnerv-Trick: Summen zur Entspannung

Der Vagusnerv steuert die Entspannungsreaktion des Körpers. Durch Summen oder Singen kannst du ihn aktivieren.

Übung:

- Setze dich bequem hin und atme tief durch die Nase ein.

- Beim Ausatmen summe eine tiefe Note, wie ein „Mmmm" oder „Ooooh".

- Wiederhole dies für 1-2 Minuten.

Diese Übung stimuliert das parasympathische Nervensystem und hilft, Panik zu reduzieren.

10. Die „Zeitreise-Methode" – Angst durch Perspektivwechsel auflösen

Panikattacken fühlen sich oft endlos und unausweichlich an. Doch diese Methode hilft dir, eine andere Perspektive auf deine Angst zu gewinnen.

Anleitung:

- Erinnere dich an deine letzte Panikattacke. Stelle dir vor, du reist zurück zu diesem Moment, aber diesmal als Beobachter.

- Was würdest du deinem damaligen Ich sagen? Welche Worte hättest du gebraucht?

- Sieh dich jetzt aus der Zukunft – ein Jahr später. Diese Panikattacke liegt lange hinter dir. Wie hat sie sich verändert? Welche Bedeutung hat sie noch?

Durch diese Technik lernst du, dass Panikattacken vergänglich sind und ihre Macht über dich mit der Zeit schwindet.

---

11. Die „Panik-Welle-Reiten"-Methode

Viele Menschen kämpfen gegen ihre Panik, was sie oft verstärkt. Diese Methode zeigt dir, wie du stattdessen mit der Panik „mitschwingst" und sie schneller vergehen lässt.

So funktioniert es:

1. Wenn du die ersten Symptome einer Panikattacke spürst, stell dir deine Angst als eine Welle im Ozean vor.

2. Anstatt dich dagegen zu stemmen, lasse dich von ihr tragen.

3. Atme ruhig und gleichmäßig, während du innerlich
   sagst: *„Ich lasse die Welle kommen, ich kämpfe nicht
   gegen sie."*

4. Beobachte, wie die Welle nach einigen Minuten abflacht
   – genau wie deine Panik.

Diese Technik basiert auf Akzeptanz und kann helfen, Angst
schneller zu durchbrechen.

12. Der „Sicherheitsraum" in deinem Kopf

Manchmal hilft es, sich einen mentalen Zufluchtsort zu
erschaffen, an den du in stressigen Momenten fliehen kannst.

Übung:

- Schließe die Augen und stelle dir einen Ort vor, an dem
  du dich absolut sicher fühlst.

- Er kann real oder erfunden sein – ein gemütliches
  Zimmer, ein Sandstrand oder ein lichtdurchfluteter
  Wald.

- Fülle diesen Raum mit positiven Details: Welche
  Geräusche hörst du? Welche Gerüche nimmst du wahr?

- Übe es täglich, diesen Raum aufzusuchen, damit du ihn
  in Angstmomenten leicht abrufen kannst.

Diese Methode wird oft in der Traumatherapie genutzt und
hilft, das Nervensystem zu beruhigen.

13. Der „Eiswürfel-Trick" für sofortige Beruhigung

Kälte hilft, den Körper aus dem Panikmodus herauszuholen, da sie das Nervensystem schockartig beruhigt.

Anwendung:

- Halte einen Eiswürfel in deiner Hand und konzentriere dich auf das Gefühl der Kälte.

- Alternativ kannst du dein Gesicht mit kaltem Wasser abspülen oder ein kaltes Getränk langsam trinken.

Dieser physische Reiz kann helfen, das Panikgefühl zu unterbrechen und den Fokus auf den Körper zu lenken.

14. Die „Hände-auf-den-Herz"-Technik

Oftmals fühlen sich Panikattacken so an, als würde das Herz versagen. Diese Technik hilft, dein Herzbewusstsein in einen beruhigenden Modus zu bringen.

So geht's:

1. Lege eine Hand sanft auf dein Herz.

2. Atme tief in dein Herz ein und stelle dir vor, wie du mit jedem Atemzug Ruhe hineinströmst.

3. Wiederhole innerlich: *„Mein Herz schlägt stark und ruhig. Ich bin sicher."*

4. Verweile einige Minuten in diesem Zustand.

Diese Übung sendet deinem Gehirn das Signal, dass alles in Ordnung ist, und kann das Herzrasen beruhigen.

15. Angsttagebuch führen – Dein Fortschritt sichtbar machen

Ein Angsttagebuch hilft dir, deine Fortschritte zu verfolgen und Ängste aus einer objektiveren Sicht zu betrachten.

Anleitung:

- Schreibe nach jeder Panikattacke auf, was passiert ist.
- Wie stark war die Attacke auf einer Skala von 1 bis 10?
- Welche Gedanken hattest du dabei? Waren sie realistisch?
- Was hat dir geholfen, dich zu beruhigen?

Mit der Zeit wirst du Muster erkennen und sehen, dass deine Panikattacken schwächer oder seltener werden.

16. Morgen- und Abendroutine für ein angstfreieres Leben

Wie du deinen Tag beginnst und beendest, beeinflusst dein gesamtes Stresslevel. Eine bewusste Routine kann helfen, Panikattacken vorzubeugen.

Morgenroutine: ✓ Direkt nach dem Aufwachen bewusst tief atmen (4-7-8-Atmung). ✓ 5 Minuten Bewegung (Stretching, sanftes Yoga oder Spazierengehen). ✓ Eine positive Affirmation sagen: *„Ich bin sicher. Ich habe die Kontrolle über meinen Tag."*

Abendroutine: ✓ Digital Detox – 1 Stunde vor dem Schlafengehen kein Bildschirm. ✓ Beruhigendes Getränk wie Kamillentee trinken. ✓ Dankbarkeitstagebuch schreiben: 3 Dinge notieren, die heute gut waren. ✓ Eine Entspannungsübung oder Meditation durchführen.

Regelmäßige Routinen helfen deinem Nervensystem, sich an Sicherheit und Stabilität zu gewöhnen.

---

17. Hypnose-Suggestionen für entspannte Nächte

Viele Menschen mit Panikattacken haben auch Schlafprobleme. Eine wirksame Methode zur Verbesserung des Schlafs sind positive Suggestionen.

Bevor du einschläfst, sage dir:

- *„Mein Körper ruht sich aus. Mein Geist ist ruhig und sicher."*

- *„Morgen wache ich mit neuer Energie auf und fühle mich entspannt."*

- *„Jede Nacht schlafe ich tiefer und ruhiger."*

Wenn du diese Sätze täglich wiederholst, wird dein Unterbewusstsein auf mehr Ruhe programmiert.

18. Die „Akzeptanz-Technik" – Keine Angst vor der Angst

Einer der größten Verstärker für Panikattacken ist der Widerstand gegen sie. Wenn du die Angst um jeden Preis vermeiden willst, gibst du ihr unbewusst mehr Macht. Diese Technik hilft dir, die Angst zuzulassen, anstatt gegen sie zu kämpfen.

Schritt-für-Schritt-Anleitung:

1. **Wenn eine Panikattacke kommt, sage dir:** *„Ich heiße die Angst willkommen."*

2. **Bleibe bewusst in der Situation, statt zu fliehen.**

3. **Beobachte deine Symptome, aber bewerte sie nicht.** Spüre, wie dein Herz schneller schlägt, dein Atem stockt – aber ohne in Panik darüber zu geraten.

4. **Sage dir:** *„Mein Körper ist nicht in Gefahr. Ich lasse diese Gefühle zu."*

5. **Bleibe in der Situation, bis die Angst nachlässt.**

Die Angst verliert ihre Macht, wenn du sie nicht als Feind, sondern als vorübergehendes Phänomen betrachtest.

19. „Trigger-Entschärfung" – Langfristige Kontrolle über deine Ängste

Um Panikattacken nachhaltig zu reduzieren, ist es entscheidend, deine persönlichen Angst-Trigger zu identifizieren und zu entschärfen.

1. **Schreibe alle Situationen auf, in denen du Angst hattest.**

2. **Suche nach Mustern:** Gibt es wiederkehrende Themen? (Menschenmengen, Enge, Alleinsein?)

3. **Bewerte deine Trigger auf einer Skala von 1 bis 10.**

4. **Beginne mit den leichteren Triggern und stelle dich ihnen bewusst.**

5. **Nutze Beruhigungstechniken, während du in diesen Situationen bleibst.**

Je öfter du deine Trigger bewusst erlebst, desto schwächer werden sie mit der Zeit.

Neue Körperübungen für Panik-Bewältigung

20. Der „Power-Pose"-Trick gegen Angst

Wusstest du, dass deine Körperhaltung direkten Einfluss auf dein Angstempfinden hat? Studien zeigen, dass eine „starke" Körperhaltung die Ausschüttung von Stresshormonen reduziert.

Übung:

- Stelle dich breitbeinig hin, die Hände in die Hüften gestemmt.

- Atme tief ein und richte deinen Blick geradeaus.

- Bleibe 2 Minuten in dieser Position.

- Sage dir innerlich: *„Ich bin ruhig. Ich bin stark."*

Diese Technik kann dein Selbstvertrauen in Angstsituationen sofort steigern.

21. Augenbewegungs-Desensibilisierung (EMDR)

Diese Technik stammt aus der Traumatherapie und hilft, emotionale Belastungen schneller zu verarbeiten.

Anleitung:

1. **Setze dich hin und konzentriere dich auf deine Angst.**

2. **Bewege deine Augen schnell von links nach rechts, ohne den Kopf zu bewegen.**

3. **Atme dabei tief und gleichmäßig.**

4. **Wiederhole dies für 2 Minuten.**

Die Augenbewegung hilft, angstauslösende Gedanken schneller zu verarbeiten und emotionale Blockaden zu lösen.

22. Die „30-Sekunden-Realitätsprüfung"

Angst hat oft damit zu tun, dass unser Gehirn Katastrophenszenarien erschafft. Diese Technik hilft dir, dich wieder mit der Realität zu verbinden.

Fragen zur Realitätsprüfung:

- **Gibt es einen konkreten Beweis, dass ich in Gefahr bin?**
- **Ist mir jemals wirklich etwas Schlimmes in dieser Situation passiert?**
- **Wie wahrscheinlich ist es, dass das Schlimmste eintritt?**

Die bewusste Reflexion dieser Fragen kann helfen, das Angstgefühl zu unterbrechen.

23. Ernährung gegen Angst – Diese Nährstoffe helfen wirklich

Deine Ernährung hat einen direkten Einfluss auf dein Nervensystem. Einige Lebensmittel verstärken Angst, andere helfen, sie zu reduzieren.

✓ **Magnesiumreiche Lebensmittel:** Nüsse, Samen, Bananen – helfen, das Nervensystem zu beruhigen. ✓ **Omega-3-Fettsäuren:** Fisch, Leinöl – reduziert Entzündungen und fördert Gelassenheit. ✓ **L-Tryptophan-haltige Lebensmittel:** Schokolade, Hafer, Milch – fördert die Serotoninproduktion. ✓

Vitamin B-Komplex: Vollkornprodukte, Eier – unterstützt das Nervensystem.

Gleichzeitig sollten **Koffein, Alkohol und Zucker** reduziert werden, da sie Panikattacken verstärken können.

---

24. Naturexposition – Die Heilkraft der Natur nutzen

Studien zeigen, dass regelmäßige Zeit in der Natur das Angstlevel signifikant senken kann.

Tipps für mehr Natur im Alltag:

- **Tägliche Spaziergänge im Grünen (mind. 20 Minuten).**

- **Barfußlaufen auf Gras oder Sand – fördert Erdung.**

- **Waldgeräusche hören (auch als App möglich).**

Je mehr Zeit du in der Natur verbringst, desto stabiler wird dein Nervensystem.

Langfristige Veränderungen für ein angstfreieres Leben

✓ Regelmäßige Bewegung: Sport baut Stresshormone ab und stärkt dein Nervensystem.

✓ Gesunde Ernährung: Vermeide Koffein, Zucker und Alkohol – sie können Panikattacken verstärken.

✓ Gute Schlafhygiene: Sorge für einen ruhigen Abend, feste Schlafzeiten und wenig Bildschirmzeit vor dem Zubettgehen.

✓ Meditation und Achtsamkeit: Diese Techniken helfen, dein Gehirn auf Gelassenheit zu trainieren.

✓ Soziale Unterstützung: Sprich mit Menschen, denen du vertraust. Angst wird kleiner, wenn sie nicht im Stillen bleibt.

Du bist stärker als deine Angst

- Panikattacken sind nicht gefährlich – nur unangenehm.

- Mit gezielten Techniken kannst du lernen, sie zu kontrollieren.

- Je mehr du dich mit deiner Angst auseinandersetzt, desto weniger Macht hat sie über dich.

- Langfristige Strategien helfen dir, Panikattacken immer seltener werden zu lassen.

Du bist auf dem richtigen Weg. Du bist nicht allein. Und du hast alles in dir, um diese Herausforderung zu meistern.

Kapitel 3: Angst-Trigger erkennen und entschärfen

In diesem Kapitel lernst du:

- Wie Angst-Trigger entstehen und warum sie so stark wirken.

- Wie du deine eigenen Angst-Trigger erkennst und analysierst.

- Welche Methoden dir helfen, deine Trigger nach und nach zu entschärfen.

- Wie du langfristig ein freieres Leben führen kannst, ohne von unbewussten Auslösern kontrolliert zu werden.

Die Wissenschaft hinter Angst-Triggern

Angst-Trigger sind tief in der Funktionsweise unseres Gehirns verankert und spielen eine entscheidende Rolle in der menschlichen Überlebensstrategie. Verstehen wir die biologischen und psychologischen Grundlagen dieser Mechanismen, können wir effektiver daran arbeiten, unsere Ängste zu regulieren und langfristig aufzulösen.

1. Die Rolle der Amygdala – Dein "Angstzentrum"

Die Amygdala ist ein mandelförmiges Kerngebiet tief im limbischen System des Gehirns, das für die Verarbeitung von Emotionen, insbesondere Angst, verantwortlich ist. Untersuchungen zeigen, dass die Amygdala aktiv wird, wenn eine potenzielle Bedrohung wahrgenommen wird, unabhängig davon, ob diese real oder nur eingebildet ist.

Warum ist das wichtig?

- Sobald ein Reiz als bedrohlich eingestuft wird, aktiviert die Amygdala das sympathische Nervensystem.

- Diese Aktivierung führt zur Ausschüttung von Stresshormonen wie Adrenalin und Cortisol.

- Dadurch werden Herzfrequenz, Atemfrequenz und Muskelspannung erhöht – typische Symptome einer Panikattacke.

2. Der Hippocampus – Das Gedächtnis der Angst

Während die Amygdala die Angstreaktion auslöst, speichert der Hippocampus Informationen über die Umstände einer angstauslösenden Erfahrung. Forschungen zeigen, dass traumatische Erlebnisse dazu führen können, dass der

Hippocampus überempfindlich auf ähnliche Reize reagiert, selbst wenn keine wirkliche Bedrohung besteht.

Praktische Anwendung:

- Angst-Trigger basieren oft auf Erinnerungen und früheren Erfahrungen.

- Wenn der Hippocampus eine Situation mit einer früheren Gefahr verbindet, löst er automatisch eine Stressreaktion aus.

- Durch bewusstes Training kann dieser Prozess umprogrammiert werden, indem der Trigger neu bewertet wird (siehe "Kognitive Umstrukturierung").

3. Der präfrontale Kortex – Kontrolle über die Angst

Der präfrontale Kortex ist der "rationale Entscheider" im Gehirn und hilft, emotionale Reaktionen zu regulieren. Eine überaktive Amygdala kann jedoch dazu führen, dass die Fähigkeit des präfrontalen Kortex, Angst zu dämpfen, beeinträchtigt wird.

Wie kannst du das nutzen?

- Achtsamkeitsübungen und kognitive Therapie können helfen, den präfrontalen Kortex zu stärken.

- Regelmäßiges Reflektieren über Angstreaktionen fördert die Selbstkontrolle.

- Je häufiger du in herausfordernden Situationen bewusst ruhig bleibst, desto mehr trainierst du dein Gehirn darauf, Angstreaktionen herunterzuregulieren.

Angst-Trigger sind nicht nur kurzfristige Reaktionen auf bestimmte Reize, sondern sie können unser Verhalten langfristig beeinflussen. Dies geschieht durch:

1. **Vermeidungsverhalten** – Situationen oder Orte werden bewusst gemieden, um keine Angst auszulösen.

2. **Konditionierte Reaktionen** – Der Körper entwickelt automatisierte Reaktionen auf bestimmte Reize.

3. **Selbstverstärkende Angstzyklen** – Die Angst vor der Angst verstärkt das Triggern von Panikattacken.

Forschungen zeigen, dass Menschen, die Vermeidungsverhalten entwickeln, langfristig eher dazu neigen, eine generalisierte Angststörung oder Panikstörung zu entwickeln. Daher ist es wichtig, bewusst an der Entschärfung von Triggern zu arbeiten.

Wissenschaftlich fundierte Methoden zur Entschärfung von Angst-Triggern

Basierend auf aktuellen psychologischen Studien und neurowissenschaftlichen Erkenntnissen gibt es mehrere Methoden, die helfen können, Angst-Trigger langfristig zu entschärfen.

1. Expositions- und Konfrontationstherapie (Gradual Exposure Therapy)

Studien belegen, dass die gezielte, schrittweise Konfrontation mit angstauslösenden Reizen die Aktivität der Amygdala langfristig senkt und neue neuronale Verbindungen schafft, die die Angstreaktion unterbrechen.

- Identifiziere einen spezifischen Trigger.

- Setze dich der Situation in kleinen Schritten aus (z. B. zuerst nur daran denken, dann Bilder anschauen, dann kurz in die reale Situation gehen).

- Wiederhole den Vorgang regelmäßig, um das Angstzentrum im Gehirn umzuprogrammieren.

2. Kognitive Umstrukturierung – Negative Denkmuster aktiv verändern

Menschen mit Angststörungen neigen dazu, harmlose Situationen katastrophal zu interpretieren. Forschungsergebnisse zeigen, dass die kognitive Verhaltenstherapie (CBT) diese Denkmuster systematisch umkehren kann.

Anwendungsbeispiel:

- **Negativer Gedanke:** "Ich werde in dieser Situation ohnmächtig."

- **Rationale Überprüfung:** "Ist das jemals passiert? Gibt es medizinische Beweise, dass ich in Gefahr bin?"

- **Umstrukturierter Gedanke:** "Mein Körper reagiert nur auf Stress. Ich bin sicher."

3. Neurowissenschaftlich fundierte Atemtechniken

Atmung hat direkten Einfluss auf das autonome Nervensystem. Langsames, bewusstes Atmen kann den Vagusnerv aktivieren und das parasympathische Nervensystem stärken, das für Entspannung sorgt.

Die 4-7-8-Atemtechnik:

- **4 Sekunden einatmen** (durch die Nase, tief in den Bauch).

- **7 Sekunden Atem anhalten.**

- **8 Sekunden langsam ausatmen** (durch den Mund, wie durch einen Strohhalm).

- **Wiederhole dies 5 Minuten lang.**

Studien zeigen, dass diese Technik nicht nur Angst reduziert, sondern auch die Herzfrequenz senkt und den Blutdruck stabilisiert.

Angst entsteht selten ohne Grund. Oft gibt es bestimmte Auslöser – sogenannte "Trigger" – die unbewusst unser Angstsystem aktivieren. Diese Trigger können offensichtlicher Natur sein, wie enge Räume oder Menschenmengen, oder tief verborgene Erinnerungen und Gedanken, die eine Reaktion hervorrufen, ohne dass wir es bewusst bemerken.

Warum entstehen Angst-Trigger?

Angst-Trigger sind das Ergebnis von erlerntem Verhalten und gespeicherten Erfahrungen. Das Gehirn verbindet eine bestimmte Situation, einen Reiz oder eine Erinnerung mit einer früheren negativen Erfahrung und speichert diese Verknüpfung ab. Das kann bewusst oder unbewusst geschehen.

Die Rolle des limbischen Systems

Das limbische System, insbesondere die Amygdala, spielt eine entscheidende Rolle bei der Angstverarbeitung. Sie speichert Bedrohungen ab und sorgt dafür, dass wir bei ähnlichen Situationen sofort mit einer Stressreaktion reagieren. Dieser Mechanismus ist ein uralter Überlebensinstinkt – doch in der modernen Welt kann er oft fehlgeleitet sein.

Beispiel: Jemand, der einmal in einem Aufzug stecken geblieben ist, kann jedes Mal Angst empfinden, wenn er einen Aufzug betritt, auch wenn objektiv keine Gefahr besteht. Das Gehirn hat den Aufzug als "Gefahr" abgespeichert.

Typische Angst-Trigger erkennen

Um mit deinen Ängsten umgehen zu können, ist es entscheidend, deine individuellen Trigger zu identifizieren.

1. Körperliche Reize

- Herzrasen oder Schwindel kann alte Panikattacken "reaktivieren".

- Atemnot oder ein Engegefühl in der Brust kann als Angstsymptom wahrgenommen werden und Panik verstärken.

2. Bestimmte Orte oder Situationen

- Menschenmengen, Fahrstühle, dunkle Räume.

- Einsamkeit oder die Angst, keine Kontrolle zu haben.

3. Gedanken und Erinnerungen

- Negative Glaubenssätze wie "Ich werde versagen".

- Erinnerungen an frühere traumatische Erlebnisse.

4. Gerüche, Geräusche oder visuelle Reize

- Bestimmte Musikstücke oder Stimmen.

- Ein Parfum, das an eine unangenehme Situation erinnert.

---

1. **Angst-Tagebuch führen**

   - Notiere nach jeder Angstsituation: Was ist passiert? Wo warst du? Woran hast du gedacht?

   - Welche körperlichen Symptome hast du gespürt?

   - Gibt es ein wiederkehrendes Muster?

2. **Die "5-Warum"-Methode anwenden**

   - Frage dich fünf Mal "Warum?", um zur Wurzel der Angst vorzudringen.

   - Beispiel: "Warum habe ich Angst vor Menschenmengen?" → "Weil ich mich eingeengt fühle." → "Warum fühle ich mich eingeengt?" → "Weil ich Angst habe, nicht schnell rauszukommen." → usw.

3. **Bewusstes Erleben von Situationen**

   o Beobachte deine Gedanken, wenn du in eine Stresssituation kommst.

   o Notiere, welche Details deine Angst verstärken.

Strategien zur Entschärfung von Angst-Triggern

Wenn du deine Trigger kennst, kannst du beginnen, sie Schritt für Schritt abzubauen.

1. Systematische Desensibilisierung

- Konfrontiere dich kontrolliert mit deinen Triggern in kleinen Schritten.

- Beispiel: Hast du Angst vor Fahrstühlen, beginne damit, einen Fahrstuhl nur zu betreten, ohne zu fahren. Dann fahre eine Etage. Dann mehrere.

- Diese Methode hilft, dein Gehirn umzuprogrammieren.

2. Kognitive Umstrukturierung

- Ersetze angstverstärkende Gedanken durch realistischere Sichtweisen.

- Beispiel: "Ich werde in einer Menschenmenge ohnmächtig." → "Ich habe noch nie das Bewusstsein verloren. Mein Körper ist stärker, als ich denke."

3. "Gedanken-Stopp"-Technik

- Unterbrich negative Gedanken bewusst, indem du laut "Stopp!" sagst oder ein visuelles Signal nutzt (z. B. ein Gummiband am Handgelenk schnippen lassen).

4. Trigger-Neuprogrammierung durch positive Assoziationen

- Verknüpfe angstauslösende Reize mit positiven Erlebnissen.

- Beispiel: Spiele entspannende Musik oder trage einen angenehmen Duft, wenn du eine angstauslösende Situation betrittst.

5. EFT-Klopftechnik (Emotional Freedom Technique)

- Klopfe sanft auf bestimmte Akupressurpunkte, während du einen Angstgedanken bewusst denkst.

- Dies kann helfen, emotionale Blockaden zu lösen.

6. Hypnose oder Visualisierungen

- Stelle dir vor, wie du eine angstauslösende Situation souverän meisterst.

- Hypnose kann helfen, tief sitzende Angstreaktionen umzukehren.

---

8. Die "Umkehr-Technik" zur Neubewertung von Angst-Triggern

Unser Gehirn speichert Angst in Form von Verknüpfungen. Ein bestimmtes Geräusch, ein Ort oder eine Erinnerung kann unbewusst als Bedrohung registriert werden. Die Umkehr-Technik hilft, diese Verknüpfung umzuprogrammieren.

1. **Identifiziere einen bestimmten Trigger.** Zum Beispiel: "Ich bekomme Panik, wenn ich alleine in einem Café sitze."

2. **Finde eine neue Perspektive:** Frage dich: "Was könnte eine positive Bedeutung dieser Situation sein?" Vielleicht bedeutet allein im Café sitzen auch Freiheit und Selbstbestimmung.

3. **Ersetze den Angstgedanken durch eine bestärkende Aussage:** Statt "Ich bin hilflos" → "Ich genieße diesen Moment nur für mich." Wiederhole diesen Satz mehrmals täglich.

4. **Verbinde die neue Sichtweise mit einer positiven Handlung:** Zum Beispiel: "Immer wenn ich allein in einem Café sitze, gönne ich mir bewusst eine kleine Belohnung."

Durch regelmäßiges Wiederholen kannst du dein Gehirn darauf trainieren, die Situation neutral oder sogar positiv zu bewerten.

9. Die "Schritt-für-Schritt-Trigger-Reduktion"

Wenn ein Trigger zu stark erscheint, um ihm direkt zu begegnen, kann eine schrittweise Annäherung helfen.

1. **Phase 1:** Sieh dir Bilder von Menschenmengen an und beobachte deine Reaktion.

2. **Phase 2:** Höre Geräusche oder Hintergrundgeräusche von belebten Plätzen über Kopfhörer.

3. **Phase 3:** Besuche einen ruhigen Ort mit wenigen Menschen (z. B. einen Park an einem Wochentag).

4. **Phase 4:** Gehe in einen größeren Supermarkt, aber mit der Möglichkeit, ihn jederzeit zu verlassen.

5. **Phase 5:** Besuche bewusst eine Veranstaltung mit einer kleinen Gruppe.

Jede Phase wird erst dann intensiviert, wenn du dich mit der vorherigen Stufe wohlfühlst. Dies reduziert schrittweise die emotionale Reaktion auf den Trigger.

10. "Trigger-Tagebuch" – Eine tiefere Analyse

Viele Menschen haben diffuse Ängste, bei denen sie nicht genau wissen, was die Ursache ist. Ein "Trigger-Tagebuch" kann helfen, wiederkehrende Muster sichtbar zu machen.

Wie du es führst:

- **Datum und Uhrzeit:** Wann ist die Angst aufgetreten?

- **Ort und Situation:** Wo warst du? Was hast du gemacht?

- **Welche Gedanken hattest du?** Welche Überzeugungen sind hochgekommen?

- **Welche körperlichen Reaktionen hattest du?** Herzrasen, Zittern, Atemnot?

- **Auf einer Skala von 1 bis 10: Wie stark war die Angst?**

- **Welche Strategie hast du genutzt, um dich zu beruhigen? Hat sie funktioniert?**

Dieses Tagebuch hilft dir, deine Fortschritte zu messen und herauszufinden, welche Techniken für dich am effektivsten sind.

---

11. Das "Trigger-Desensibilisierungs-Training" für emotionale Widerstandskraft

Angst-Trigger verlieren an Kraft, wenn du sie bewusst kontrolliert erlebst, anstatt ihnen auszuweichen. Diese Methode hilft, emotionale Widerstandsfähigkeit zu entwickeln.

1. **Wähle einen mäßig belastenden Trigger.** (Nicht den schlimmsten!)

2. **Setze dich diesem Trigger gezielt aus.** Dies kann mental oder in der Realität geschehen.

3. **Atme bewusst und erlaube der Angst, da zu sein.** Versuche, nicht zu fliehen oder dich abzulenken.

4. **Notiere deine körperlichen Reaktionen.** Welche Symptome entstehen?

5. **Bleibe in der Situation, bis du eine erste Beruhigung wahrnimmst.**

6. **Wiederhole diesen Vorgang täglich, bis die Angstreaktion nachlässt.**

Durch Wiederholung kann dein Gehirn neue, sichere Verbindungen schaffen, sodass der Trigger seine Wirkung verliert.

---

12. Die "Anker-Technik" zur Kontrolle von Trigger-Reaktionen

Manchmal kann ein unerwarteter Trigger eine Angstreaktion auslösen. Die Anker-Technik hilft, sich sofort ins Hier und Jetzt zurückzuholen.

Übung:

- Suche dir einen festen Gegenstand (z. B. einen Ring, ein Armband oder einen Stein in deiner Tasche).

- Verbinde diesen Gegenstand mit einer beruhigenden Erinnerung.

- Jedes Mal, wenn ein Trigger auftritt, berühre den Gegenstand bewusst und sage dir einen stärkenden Satz: *"Ich bin sicher. Ich bleibe ruhig."*

Diese Methode wird oft in der Trauma-Therapie genutzt und kann helfen, unkontrollierte Angstreaktionen zu reduzieren.

---

13. Die "Umdeutungs-Technik" für schmerzhafte Erinnerungen

Einige Trigger stammen aus früheren Erlebnissen, die negativ im Gedächtnis verankert wurden. Die Umdeutungs-Technik hilft, diese Erinnerungen aus einer neuen Perspektive zu betrachten.

Schritt-für-Schritt-Anleitung:

1. **Denke an eine belastende Erinnerung, die als Trigger dient.**

2. **Stelle dir die Szene vor, aber diesmal als Beobachter.**

3. **Frage dich:** Gibt es eine andere Art, diese Erfahrung zu betrachten? War sie vielleicht eine Lektion oder hat sie dich stärker gemacht?

4. **Ändere das innere Bild:** Stell dir die Szene so vor, dass sie weniger bedrohlich wirkt – wie eine Filmaufnahme, die du langsamer abspielst oder aus einer anderen Perspektive betrachtest.

5. **Wiederhole diese Übung regelmäßig, bis sich die emotionale Reaktion auf die Erinnerung verändert.**

Durch diese Technik kannst du dein Gehirn darauf trainieren, vergangene Erlebnisse weniger belastend wahrzunehmen.

Langfristige Strategien für ein angstfreieres Leben

✓ **Regelmäßige Achtsamkeitspraxis:** Tägliche Meditation kann das Angstzentrum im Gehirn beruhigen.

✓ **Gesunde Routinen:** Struktur und Planbarkeit reduzieren Unsicherheiten.

✓ **Selbstmitgefühl üben:** Sei nachsichtig mit dir selbst, statt dich für deine Ängste zu verurteilen.

✓ **Bewegung und Sport:** Senkt das generelle Stresslevel und macht dich widerstandsfähiger gegen Angst.

✓ **Soziale Unterstützung suchen:** Sprich mit Menschen, die dich verstehen und unterstützen.

Kapitel 4: Die Angstspirale durchbrechen – Wie du dich aus der endlosen Gedankenschleife befreist

Angst ist oft nicht nur eine einzelne Emotion, sondern ein sich selbst verstärkender Kreislauf. Es beginnt mit einem Gedanken, einem Körperempfinden oder einem Trigger, der eine Welle von Sorgen, negativen Szenarien und physischen Reaktionen auslöst. Je länger diese Spirale anhält, desto mehr verfestigt sich die Angst und desto schwieriger scheint es, aus ihr herauszukommen. Doch genau das ist möglich: Du kannst lernen, diese Spirale zu erkennen, zu unterbrechen und langfristig aufzulösen.

In diesem Kapitel wirst du erfahren:

- Wie Angstgedanken entstehen und sich verselbstständigen.

- Warum dein Gehirn dich in einer Angstschleife festhält.

- Wie du konkrete Strategien anwendest, um diese Spirale zu durchbrechen.

- Welche langfristigen Techniken dir helfen, dein Denken nachhaltig zu verändern.

Wenn wir Angst empfinden, läuft ein tief verankerter Mechanismus in unserem Gehirn ab. Wissenschaftlich betrachtet gibt es drei entscheidende Prozesse, die die Angstspirale in Gang halten:

1. **Katastrophisierende Gedanken:** Unser Gehirn bewertet eine harmlose oder neutrale Situation als gefährlich und löst dadurch eine Stressreaktion aus.

2. **Körperliche Reaktionen:** Durch die Ausschüttung von Stresshormonen wie Adrenalin steigt der Puls, der Atem wird schneller, die Muskeln verspannen sich – ein Zustand, der die Angst weiter verstärkt.

3. **Bestätigung durch Vermeidung:** Um der Angst zu entkommen, vermeiden wir bestimmte Situationen. Doch je mehr wir vermeiden, desto stärker verfestigt sich die Angst.

Ein Teufelskreis: Unser Gehirn speichert die Angstreaktion als nötig ab und aktiviert sie immer schneller und intensiver. Die Folge: Schon kleine Gedanken oder Empfindungen reichen aus, um die Spirale erneut in Gang zu setzen.

Wie du die Kontrolle zurückgewinnst

Die gute Nachricht ist: Dein Gehirn ist formbar! Durch gezielte Techniken kannst du die Angstspirale unterbrechen und umprogrammieren. Hier sind die wirkungsvollsten Methoden:

1. Die "Gedanken-Stopp"-Technik – Sofort raus aus der Angst

Diese Technik hilft dir, negative Gedanken bewusst zu unterbrechen.

So geht's:

1. Sobald du merkst, dass du in einer Angstschleife feststeckst, sage laut oder innerlich: *"Stopp!"*

2. Stell dir vor, wie du eine rote Stopp-Tafel siehst.

3. Atme tief durch und lenke deine Aufmerksamkeit bewusst auf die Umgebung.

4. Wiederhole einen neutralen oder positiven Gedanken wie: *"Ich bin hier und jetzt sicher."*

Studien zeigen, dass diese Methode das automatische Gedankenkarussell unterbricht und deinem Gehirn signalisiert, dass du die Kontrolle hast.

2. Kognitive Umstrukturierung – Deine Gedanken neu bewerten

Negative Gedanken entstehen oft automatisch. Doch du kannst lernen, sie zu hinterfragen und umzuwandeln.

Beispiel:

- **Angstgedanke:** "Ich werde in dieser Situation die Kontrolle verlieren."

- **Rationale Überprüfung:** "Ist das jemals passiert? Gibt es Beweise dafür?"

- **Neuer Gedanke:** "Ich habe schon oft herausfordernde
  Situationen gemeistert. Mein Körper beruhigt sich von
  selbst."

Je öfter du diese Technik anwendest, desto schneller wird dein
Gehirn lernen, angstverstärkende Gedanken realistisch zu
hinterfragen.

3. Der "Realitäts-Check" – Angst durch Fakten entkräften

Menschen mit Angst neigen dazu, Situationen zu übertreiben
oder das Schlimmste anzunehmen. Diese Methode hilft,
realistische Einschätzungen zu treffen.

Fragen zur Selbstüberprüfung:

- Gibt es einen konkreten Beweis, dass ich in Gefahr bin?

- Was würde eine neutrale Person dazu sagen?

- Welche Alternativen gibt es zu meinem negativen
  Gedanken?

Psychologische Forschungen zeigen, dass durch bewusstes
Überprüfen von Gedanken die emotionale Reaktion deutlich
gemindert wird.

4. Die "Angst-Kurve" verstehen – Warum Angst von selbst abfällt

Angst folgt einem Muster: Sie steigt zunächst rasant an, erreicht
einen Höhepunkt und fällt dann langsam wieder ab.

Warum ist das wichtig?

- Dein Körper kann einen Angstzustand nicht dauerhaft aufrechterhalten.

- Wenn du bewusst in der Situation bleibst, ohne zu fliehen, wird die Angst von selbst schwächer.

- Studien zeigen, dass Expositionstherapie eine der effektivsten Methoden zur Angstbewältigung ist.

Übertrag in die Praxis:

- Bleibe bewusst in der Situation, bis du spürst, dass die Angst nachlässt.

- Beobachte den Moment, an dem die Anspannung abnimmt – das ist der Beweis, dass Angst nicht unendlich ist!

Langfristige Strategien gegen die Angstspirale

Neben kurzfristigen Methoden ist es wichtig, langfristig an deiner Denkweise zu arbeiten. Hier einige Techniken:

✓ **Tägliche Achtsamkeitsübungen:** Meditation und bewusste Wahrnehmung reduzieren die Reaktionsbereitschaft der Amygdala.

✓ **Bewegung und Sport:** Regelmäßige körperliche Aktivität baut Stresshormone ab und stabilisiert das Nervensystem.

✓ **Schlafhygiene verbessern:** Zu wenig Schlaf verstärkt Ängste.

✓ **Ernährung optimieren:** Magnesium, Omega-3-Fettsäuren und B-Vitamine unterstützen die emotionale Stabilität.

- Angstgedanken entstehen automatisch, können aber durch gezielte Techniken gestoppt werden.

- Die Angstspirale lässt sich durch kognitive Umstrukturierung, Realitäts-Checks und bewusstes Aushalten durchbrechen.

- Langfristige Gewohnheiten wie Achtsamkeit, Bewegung und eine gesunde Ernährung stärken dein Nervensystem und reduzieren Angstreaktionen nachhaltig.

---

5. Das Prinzip der Selbstverstärkung – Warum Angst sich selbst nährt

Angst ist nicht nur eine Reaktion auf äußere Umstände, sondern sie verstärkt sich oft durch unsere eigenen Denk- und Verhaltensmuster. Ein zentraler Mechanismus dabei ist die **Selbstverstärkung** der Angst durch folgende Prozesse:

1. **Kognitive Verzerrungen:** Das Gehirn neigt dazu, sich auf negative Aspekte zu konzentrieren und positive Beweise auszublenden. Wenn du beispielsweise denkst: *„Ich werde in dieser Situation Panik bekommen"*, suchst du unbewusst nach Anzeichen, die diese Annahme bestätigen.

2. **Angst vor der Angst:** Viele Menschen haben nicht nur Angst vor einer bestimmten Situation, sondern auch davor, erneut Angst zu erleben. Dadurch wird die Panikreaktion im Vorfeld verstärkt.

3. **Körperliche Rückkopplung:** Angstsymptome wie Herzrasen oder Zittern werden als Bestätigung der Gefahr wahrgenommen, obwohl sie eigentlich nur die natürliche Stressreaktion deines Körpers sind.

4. **Vermeidung:** Wenn du angstauslösende Situationen meidest, signalisiert das deinem Gehirn, dass diese Situationen tatsächlich gefährlich sind – und die Angst wird beim nächsten Mal noch stärker.

Wie du diesen Kreislauf durchbrichst:

- **Bewusste Achtsamkeit:** Versuche, Ängste zu beobachten, ohne sofort darauf zu reagieren.

- **Konfrontation:** Setze dich deinen Ängsten schrittweise aus, statt sie zu vermeiden.

- **Realitäts-Check:** Prüfe bewusst, ob deine Angstgedanken wirklich zutreffen oder nur ein gedanklicher Reflex sind.

6. Wie du deine Angst aus einem neuen Blickwinkel betrachten kannst

Viele Menschen empfinden Angst als etwas Negatives, das sie loswerden möchten. Doch was wäre, wenn Angst nicht dein Feind, sondern dein Verbündeter wäre? Studien zeigen, dass Angst eine Schutzfunktion hat und uns dazu bringt, wachsam und vorbereitet zu sein.

Praktische Übung:

1. **Stelle dir deine Angst als eine Person oder ein Wesen vor.**

2. **Frage sie:** „Was möchtest du mir sagen? Was willst du mich lehren?"

3. **Schreibe auf, welche Gedanken kommen.**

4. **Danke deiner Angst für ihre Warnung, aber erkläre ihr, dass du die Kontrolle übernimmst.**

Diese Übung kann dir helfen, einen neuen Umgang mit deiner Angst zu entwickeln und sie nicht mehr als unkontrollierbare Bedrohung zu sehen.

7. Atemtechniken zur unmittelbaren Beruhigung

Da Angstreaktionen oft mit schneller, flacher Atmung einhergehen, kann eine bewusste Atemkontrolle dazu beitragen, das Nervensystem zu beruhigen.

Die Box-Atmung (4-4-4-4-Technik)

Diese Technik wird von Elite-Soldaten genutzt, um in stressigen Situationen ruhig zu bleiben.

1. **Atme 4 Sekunden lang tief ein.**

2. **Halte den Atem für 4 Sekunden an.**

3. **Atme langsam über 4 Sekunden aus.**

4. **Halte den Atem erneut 4 Sekunden an.**

5. **Wiederhole diesen Zyklus für 2–3 Minuten.**

Studien zeigen, dass kontrolliertes Atmen die Aktivität des Parasympathikus fördert und Angstzustände verringert.

8. Langfristige Strategien, um die Angstspirale zu durchbrechen

Kurzfristige Techniken helfen, akute Angstsituationen zu entschärfen. Doch um die Angstspirale dauerhaft aufzulösen, braucht es eine bewusste Veränderung der Denk- und Lebensweise.

✓ **Regelmäßige Konfrontation mit Angstquellen:** Studien belegen, dass kontrollierte Exposition gegenüber Angstreizen langfristig zu einer Desensibilisierung führt.

✓ **Tägliche Dankbarkeitspraxis:** Wer sich bewusst auf positive Erlebnisse fokussiert, reduziert die neuronale Sensibilität für Angst.

✓ **Soziale Unterstützung suchen:** Menschen mit einem stabilen sozialen Netzwerk verarbeiten Stress und Angstreaktionen besser.

✓ **Bewegung als natürliche Anti-Angst-Medizin:** Körperliche Aktivität reduziert nachweislich Cortisolspiegel und verbessert die Resilienz gegenüber Stress.

9. Das Konzept der Neuroplastizität – Wie du dein Gehirn umprogrammieren kannst

Eine der faszinierendsten Entdeckungen der Neurowissenschaft ist die **Neuroplastizität** – die Fähigkeit des Gehirns, sich durch neue Erfahrungen und Denkweisen aktiv zu verändern. Angst ist nicht einfach "fest verdrahtet", sondern wird durch wiederholte Gedanken und Verhaltensmuster verstärkt oder geschwächt.

Wie du dein Gehirn trainierst, anders auf Angst zu reagieren:

- **Bewusst neue Gedanken einführen:** Jedes Mal, wenn du eine angstauslösende Situation bewältigst, stärkt dein Gehirn die Verbindung zur Gelassenheit.

- **Regelmäßiges Üben:** Wiederholte Konfrontation mit Angstreizen verändert die neuronalen Bahnen und schwächt die alte Angstreaktion.

- **Positive Visualisierung:** Stelle dir vor, wie du eine herausfordernde Situation souverän meisterst – das Gehirn erkennt kaum einen Unterschied zwischen Vorstellung und Realität.

10. Die Rolle von Schlaf und Regeneration in der Angstbewältigung

Schlafmangel kann Angstgefühle verstärken, da er die Regulation des limbischen Systems beeinträchtigt. Eine Studie von Walker (2017) zeigt, dass Schlafentzug die Aktivität der Amygdala – dem Angstzentrum des Gehirns – um bis zu 60 % erhöht.

Schlaf-Tipps für Menschen mit Angstzuständen:

✓ **Feste Schlafzeiten einhalten:** Ein geregelter Rhythmus stabilisiert die emotionale Resilienz.

✓ **Digitale Entgiftung vor dem Schlafen:** Blaulicht von Bildschirmen unterdrückt die Melatonin-Produktion.

✓ **Einschlafrituale entwickeln:** Atemübungen oder progressive Muskelentspannung signalisieren dem Körper

---

Fazit & dein nächster Schritt

- Angst ist ein erlerntes Muster, das durch bewusste Techniken und neue Perspektiven durchbrochen werden kann.

- Atemkontrolle, Realitäts-Checks und Konfrontation sind effektive Wege, um aus der Angstspirale auszubrechen.

- Langfristige Veränderungen in Denkweise, Verhalten und Lebensstil helfen, Ängste nachhaltig zu reduzieren.

Kapitel 5: Selbstbewusstsein stärken – Der Weg aus der Angst zur inneren Stärke

Angst hat oft eine tiefere Ursache: das mangelnde Vertrauen in sich selbst. Wer nicht an die eigene Stärke glaubt, empfindet die Welt als bedrohlicher. Die gute Nachricht ist: **Selbstbewusstsein ist kein angeborenes Talent, sondern ein Muskel, den du trainieren kannst.** In diesem Kapitel erfährst du, wie du ein starkes Selbstbild entwickelst, negative Selbstzweifel überwindest und innere Sicherheit gewinnst.

Du wirst lernen:

- Warum Selbstbewusstsein der Schlüssel zur Angstbewältigung ist.

- Wie du deine inneren Überzeugungen über dich selbst veränderst.

- Praktische Übungen, die dein Selbstbewusstsein langfristig stärken.

- Wissenschaftlich belegte Strategien, um negative Selbstzweifel aufzulösen.

1. Warum Angst und geringes Selbstbewusstsein oft zusammenhängen

Häufig entsteht Angst aus Unsicherheit: *„Was, wenn ich versage?"*, *„Was, wenn ich nicht gut genug bin?"* – diese Gedanken sind typisch für Menschen, die wenig Selbstvertrauen in sich selbst haben. Forschungen zeigen, dass ein geringes Selbstwertgefühl oft mit einer höheren Anfälligkeit für Angststörungen verbunden ist (Orth & Robins, 2013).

Woran du erkennst, dass dein Selbstbewusstsein gestärkt werden sollte:

✓ Du machst dir übermäßig viele Sorgen darüber, was andere über dich denken.

✓ Du vermeidest Herausforderungen aus Angst, zu scheitern.

✓ Du sprichst innerlich oft negativ mit dir selbst.

✓ Du fühlst dich oft unsicher in neuen oder ungewohnten Situationen.

Warum ein starkes Selbstbewusstsein hilft:

- Du hast mehr Vertrauen in deine Fähigkeiten, Herausforderungen zu meistern.

- Du nimmst Rückschläge weniger persönlich.

- Du kannst dich von Ängsten distanzieren, statt dich von ihnen bestimmen zu lassen.

Deine Überzeugungen über dich selbst formen deine Wahrnehmung der Welt. Negative Gedanken wie *„Ich bin nicht gut genug"* oder *„Ich werde das nie schaffen"* verstärken Unsicherheiten und Angst.

Laut der **Selbstbestätigungstheorie** (Steele, 1988) suchen Menschen immer nach Beweisen, die ihre eigenen Überzeugungen bestätigen. Das bedeutet: **Wenn du tief in dir glaubst, dass du schwach oder unfähig bist, wird dein Gehirn automatisch nach Beweisen suchen, die das unterstützen.**

Übung: Glaubenssätze umwandeln

1. Schreibe alle negativen Überzeugungen auf, die du über dich selbst hast.

2. Überprüfe: Gibt es Beweise, die das Gegenteil zeigen?

3. Formuliere neue, bestärkende Überzeugungen.

4. Wiederhole diese täglich laut vor dem Spiegel.

Beispiel: ✕ „Ich bin nicht mutig genug." → ☑ „Ich bin bereit, meine Ängste Schritt für Schritt zu überwinden." ✕ „Ich kann das nicht." → ☑ „Ich lerne und wachse mit jeder Herausforderung."

Das Gehirn lernt durch Wiederholung. Je öfter du deine neuen Überzeugungen wiederholst, desto mehr verankern sie sich als Realität.

3. Der innere Kritiker – Wie du die negative Stimme in deinem Kopf zum Schweigen bringst

Jeder Mensch hat eine innere Stimme, die kritisiert: *„Das war nicht gut genug.", „Andere sind besser als du.", „Was, wenn du dich blamierst?"*. Diese innere Stimme ist oft das Produkt früherer Erfahrungen und kann tiefsitzende Ängste verstärken.

Technik zur Kontrolle des inneren Kritikers:

1. **Personifiziere ihn:** Gib der kritischen Stimme einen Namen oder ein Bild (z. B. „der strenge Lehrer" oder „die übervorsichtige Tante").

2. **Hinterfrage sie:** Ist das wirklich wahr? Woher kommt dieser Gedanke?

3. **Tausche sie gegen eine unterstützende Stimme aus:** Was würde eine wohlwollende Person zu dir sagen?

Beispiel: ✖ Kritische Stimme: „Du wirst versagen." → ☑ Unterstützende Stimme: „Du kannst das schaffen, du hast es schon oft bewiesen."

---

4. Praktische Übungen für mehr Selbstbewusstsein

A. Die 3-Sekunden-Regel Jedes Mal, wenn du dich selbst an etwas zweifelst, zähle **„3-2-1"** und **handle sofort.** Dein Gehirn braucht nur wenige Sekunden, um Ängste zu konstruieren. Diese Technik hilft, Selbstzweifel zu umgehen.

B. Die „Erfolgs-Bibliothek" Schreibe eine Liste mit Situationen, in denen du etwas geschafft hast, was dir vorher schwer

erschien. Lies sie regelmäßig durch, um dein Selbstbild zu
stärken.

C. Power-Posing (Cuddy, 2012) Körpersprache beeinflusst deine
Emotionen. Studien zeigen, dass eine **aufrechte Haltung mit
geöffneten Schultern das Selbstvertrauen steigert.** Stehe
täglich für 2 Minuten in einer „Superhelden-Pose" vor dem
Spiegel.

---

5. Wie du dich aus der Abhängigkeit von der Meinung anderer befreist

Viele Menschen haben Angst, was andere über sie denken.
Doch die Wahrheit ist: **Die meisten Menschen sind viel zu sehr
mit sich selbst beschäftigt, um dich ständig zu beurteilen.**

**Strategien, um sich weniger von der Meinung anderer
beeinflussen zu lassen:**

✓ **Stell dir das Worst-Case-Szenario vor:** Was passiert wirklich,
wenn jemand schlecht über dich denkt? Meistens nichts.

✓ **Erinnere dich daran, dass niemand perfekt ist:** Jeder Mensch
hat Unsicherheiten – du bist nicht allein.

✓ **Setze dir eigene Maßstäbe:** Frage dich: *„Bin ich mit mir
zufrieden?"* statt *„Was denken andere?"*

✓ Akzeptiere dich selbst – mit all deinen Stärken und Schwächen.

✓ Baue ein starkes Selbstbild auf – durch positive Gewohnheiten und tägliche Bestärkung.

✓ Lerne, dein eigener größter Unterstützer zu sein – statt dein härtester Kritiker.

✓ Trainiere dein Selbstbewusstsein – denn es ist ein Muskel, den du täglich stärken kannst.

Viele Menschen glauben, dass Selbstbewusstsein von äußeren Erfolgen abhängt – einem guten Job, Bestätigung von anderen oder bestimmten Fähigkeiten. Doch wahres Selbstbewusstsein beginnt **innen**, nicht außen. Es ist die Entscheidung, sich selbst als wertvoll und fähig zu sehen, unabhängig von äußeren Faktoren.

Selbstbewusstsein als tägliche Entscheidung

✓ **Erkenne deinen eigenen Wert an – auch ohne äußere Erfolge.**

✓ **Verstehe, dass Rückschläge keine Niederlagen sind, sondern Wachstum ermöglichen.**

✓ **Entscheide dich bewusst dafür, deine Stärken und Fortschritte zu sehen.**

Übung: Schreibe täglich drei Dinge auf, die du an dir schätzt oder gut gemacht hast. Das hilft deinem Gehirn, den Fokus von Selbstzweifeln auf Selbstvertrauen zu lenken.

---

8. Selbstsabotage beenden – Warum du dich oft selbst klein hältst

Viele Menschen stehen sich selbst im Weg, weil sie tief in sich überzeugt sind, dass sie **nicht gut genug** sind. Diese **Selbstsabotage** kann aus verschiedenen Gründen entstehen:

1. **Glaubenssätze aus der Kindheit:** Vielleicht hast du früher oft gehört: „Sei nicht so laut." oder „Du darfst

keine Fehler machen." Diese Sätze bleiben als unbewusste Blockaden bestehen.

2. **Angst vor Ablehnung:** Manche Menschen sabotieren sich selbst, um bloß keine Kritik zu erfahren.

3. **Perfektionismus:** Der Glaube, dass man erst etwas tun darf, wenn es perfekt ist, hält viele davon ab, überhaupt zu beginnen.

Wie du Selbstsabotage beendest:

✓ **Erkenne deine sabotierenden Muster.**

✓ **Ersetze Perfektionismus durch Fortschritt.**

✓ **Erlaube dir, Fehler zu machen – sie sind Teil des Wachstums.**

✓ **Ermutige dich selbst statt dich zu kritisieren.**

---

9. Selbstbewusstsein in der Praxis – Wie du mutig wirst, auch wenn du Angst hast

Selbstbewusstsein bedeutet nicht, keine Angst zu haben, sondern trotz Angst ins Handeln zu kommen. Mut ist ein Muskel, den du trainieren kannst.

Die 5-Sekunden-Regel (Robbins, 2017) Immer wenn du Angst hast, etwas zu tun, zähle **„5-4-3-2-1"** und **handle sofort**. Diese Technik hilft, den Verstand daran zu hindern, Ausreden zu finden.

Das Prinzip der kleinen Erfolge

✓ Beginne mit kleinen Herausforderungen, um Selbstvertrauen aufzubauen.

✓ Mache täglich etwas, das dich leicht aus der Komfortzone bringt.

✓ Notiere deine Fortschritte, um dein Wachstum sichtbar zu machen.

---

10. Warum Eigenverantwortung dein Selbstbewusstsein stärkt

Ein entscheidender Faktor für Selbstvertrauen ist **Eigenverantwortung**. Menschen mit geringem Selbstbewusstsein geben oft äußeren Umständen oder anderen Menschen die Schuld für ihr Unglück. Doch **echte Stärke entsteht, wenn du erkennst, dass du selbst die Kontrolle hast.**

Wie du mehr Eigenverantwortung übernimmst:

✓ Höre auf, dich als Opfer äußerer Umstände zu sehen.

✓ Fokussiere dich auf das, was du **ändern** kannst, statt auf das, was du nicht beeinflussen kannst.

✓ Übernimm Verantwortung für deine Gedanken, Entscheidungen und Handlungen.

✓ Frage dich: *„Was kann ich jetzt konkret tun, um mich besser zu fühlen?"*

11. Die Kraft der Körpersprache – Selbstbewusstsein durch Haltung und Auftreten stärken

Studien zeigen, dass **unsere Körpersprache unser Selbstbewusstsein direkt beeinflusst.** Wenn du dich klein machst, werden sich deine Emotionen daran anpassen. Eine aufrechte Haltung kann dagegen sofort mehr Sicherheit ausstrahlen – nach außen und nach innen.

Wie du deine Körpersprache bewusst einsetzt:

✔ Halte deine Schultern zurück und richte deinen Blick nach vorne.

✔ Vermeide verschränkte Arme oder eine gekrümmte Haltung – das signalisiert Unsicherheit.

✔ Stehe öfter in einer „Power-Pose": Füße fest am Boden, Brust offen, Hände an der Hüfte.

Übung: **Lächle dich jeden Morgen 30 Sekunden im Spiegel an.** Dein Gehirn wird automatisch positive Emotionen damit verbinden.

---

12. Selbstbewusst sprechen – Wie du durch deine Stimme mehr Sicherheit ausstrahlst

Nicht nur Haltung, sondern auch deine Stimme bestimmt, wie selbstsicher du wirkst – und wie selbstbewusst du dich fühlst.

✔ **Sprich langsamer:** Menschen, die sich sicher fühlen, hetzen nicht durch ihre Sätze.

✔ **Nutze Pausen bewusst:** Eine kurze Pause zeigt Souveränität.

✓ Sprich mit einer klaren, festen Stimme, anstatt leise oder unsicher zu klingen.

✓ **Übung:** Lies täglich 5 Minuten laut einen Text vor und konzentriere dich auf eine ruhige, stabile Stimme.

13. Der tägliche Selbstbewusstseins-Boost – Routinen, die dich stärken

✓ **Morgens: Starte mit einer positiven Affirmation.**

✓ **Tagsüber: Achte bewusst auf deine Haltung und deine Worte.**

✓ **Abends: Notiere 3 Dinge, die du gut gemacht hast.**

Kleine Veränderungen in deiner täglichen Routine summieren sich zu einer massiven Steigerung deines Selbstvertrauens.

14. Fazit – Dein Weg zu unerschütterlichem Selbstbewusstsein

Selbstbewusstsein ist eine bewusste Entscheidung und ein Muskel, den du täglich trainieren kannst. Mit den richtigen Techniken kannst du:

✓ **Deine negativen Glaubenssätze umwandeln.**

✓ **Deinen inneren Kritiker kontrollieren.**

✓ **Durch Körpersprache und Stimme selbstsicher auftreten.**

✓ **Eigenverantwortung übernehmen und mutig handeln.**

Selbstbewusstsein ist nichts, das man einmal erreicht und dann für immer besitzt. Es ist ein Prozess, ein ständiges Lernen, ein kontinuierliches Wachsen. Selbstbewusste Menschen haben nicht automatisch keine Zweifel – sie wissen nur, wie sie mit diesen Zweifeln umgehen können.

Dinge, die du dir bewusst machen solltest:

✓ Jeder Mensch hat Unsicherheiten – auch diejenigen, die selbstbewusst wirken.

✓ Es gibt keinen perfekten Moment, um selbstbewusst zu sein – du entscheidest, jetzt damit anzufangen.

✓ Rückschläge sind Teil des Wachstums – sie zeigen dir, wo du dich weiterentwickeln kannst.

✓ Selbstbewusstsein bedeutet nicht Arroganz – es ist eine gesunde innere Sicherheit.

16. Dein persönlicher Selbstbewusstseins-Plan für 30 Tage

Selbstbewusstsein entsteht durch Handlungen – nicht durch Nachdenken. Deshalb folgt hier ein praktischer 30-Tage-Plan, um dein Selbstvertrauen nachhaltig zu stärken.

Woche 1: Selbstbild positiv ausrichten

- Tag 1: Schreibe 10 Dinge auf, die du an dir selbst magst.

- Tag 2: Finde ein inspirierendes Zitat, das dein Selbstvertrauen stärkt, und wiederhole es täglich.

- Tag 3: Bewege dich bewusst aufrechter durch den Tag – achte auf deine Haltung.

- Tag 4: Erkenne deine Selbstzweifel und formuliere sie in positive Gedanken um.

- Tag 5: Spreche mit einer klaren, festen Stimme – selbstbewusstes Sprechen verändert dein inneres Gefühl.

- Tag 6: Achte bewusst auf deine Wortwahl – vermeide „Ich weiß nicht" oder „Ich kann nicht".

- Tag 7: Stelle dich bewusst einer kleinen Herausforderung, die dich aus der Komfortzone bringt.

- Tag 8: Schreibe alle negativen Gedanken über dich selbst auf – dann formuliere sie um.

- Tag 9: Beginne mit der „Superhelden-Pose" (2 Minuten am Tag für mehr Selbstsicherheit).

- Tag 10: Sprich mit jemandem über ein Thema, bei dem du dich unsicher fühlst.

- Tag 11: Bewerte eine vergangene Situation neu, in der du dich unsicher gefühlt hast – was hast du gelernt?

- Tag 12: Lächle dich morgens im Spiegel an und sage dir eine positive Affirmation.

- Tag 13: Mache etwas, das du schon immer tun wolltest, aber dich nicht getraut hast.

- Tag 14: Belohne dich für deinen Fortschritt.

- Tag 15: Sag deine Meinung zu einem Thema, ohne dich für sie zu entschuldigen.

- Tag 16: Erkenne, wann du dich für etwas rechtfertigst, und stoppe es.

- Tag 17: Werde dir bewusst, dass Perfektion nicht notwendig ist – das Tun zählt.

- Tag 18: Nimm Kritik als Chance zum Wachstum an, statt als persönlichen Angriff.

- Tag 19: Erinnere dich an eine Herausforderung, die du bereits erfolgreich gemeistert hast.

- Tag 20: Stärke deine Präsenz – halte Blickkontakt und stehe gerade.

- Tag 21: Feiere deinen Fortschritt! Schaue zurück auf die letzten Wochen.

- Tag 22: Schreibe eine Liste deiner Stärken.

- Tag 23: Übe bewusst, „Nein" zu sagen, wenn du etwas nicht möchtest.

- Tag 24: Verbringe Zeit mit Menschen, die dich bestärken, nicht kleinmachen.

- Tag 25: Überlege dir eine langfristige Gewohnheit, die dein Selbstbewusstsein stärkt.

- Tag 26: Stelle dich einer Herausforderung, die du vorher vermieden hast.

- Tag 27: Visualisiere dein zukünftiges, selbstbewusstes Ich.

- Tag 28: Lies deine Liste aus Woche 1 durch und erkenne, wie viel sich verändert hat.

- Tag 29: Schreibe einen Brief an dein zukünftiges Ich, in dem du dich für deinen Fortschritt feierst.

- Tag 30: Entscheide, dass du jeden Tag weiter daran arbeitest, die beste Version von dir selbst zu sein.

17. Die ultimative Lektion: Dein Wert ist nicht verhandelbar

Der wichtigste Punkt zum Abschluss dieses Kapitels ist: **Du bist wertvoll, so wie du bist. Dein Selbstbewusstsein basiert nicht darauf, dass du erst etwas erreichen musst.**

✓ Dein Wert hängt nicht von der Meinung anderer ab. ✓ Du bist nicht deine Fehler – du bist die Summe deiner Erfahrungen und deines Wachstums. ✓ Selbstbewusstsein bedeutet nicht, keine Angst zu haben – sondern trotz Angst zu handeln. ✓ Der beste Moment, um an deinem Selbstvertrauen zu arbeiten, ist genau jetzt.

Fazit & dein nächster Schritt

Kapitel 5 hat dir gezeigt:

- **Wie Selbstbewusstsein mit Angst zusammenhängt und warum es trainierbar ist.**

- **Warum dein innerer Kritiker oft Unrecht hat – und wie du ihn besiegst.**

- **Wie du dein Selbstvertrauen mit einfachen Techniken steigern kannst.**

- **Wie du durch einen 30-Tage-Plan dauerhaft selbstsicherer wirst.**

Kapitel 6: Mut entwickeln – Wie du deine Ängste in innere Stärke verwandelst

Angst ist ein natürlicher Teil des Lebens. Doch der Unterschied zwischen Menschen, die von ihrer Angst gelähmt werden, und denen, die trotz Angst voranschreiten, liegt in einem entscheidenden Faktor: **Mut.** Mut bedeutet nicht, keine Angst zu haben, sondern zu handeln, obwohl sie da ist. Mut ist die bewusste Entscheidung, sich Herausforderungen zu stellen, anstatt sich vor ihnen zu verstecken.

In diesem Kapitel erfährst du:

- **Was Mut aus neurowissenschaftlicher und psychologischer Sicht bedeutet.**

- **Wie Angst und Mut neurologisch miteinander verbunden sind.**

- **Wie du dich bewusst von der Angst zum Mut führen kannst.**

- **Konkrete Übungen, um mutiger zu werden und dich Herausforderungen zu stellen.**

1. Die Wissenschaft des Mutes – Wie dein Gehirn Mut verarbeitet

Mut ist kein angeborenes Talent, sondern ein trainierbarer Prozess, der auf biologischen und psychologischen Mechanismen basiert. Um zu verstehen, wie Mut entsteht, müssen wir betrachten, wie Angst und Mut im Gehirn verarbeitet werden.

A. Die Amygdala: Das Angstzentrum im Gehirn

Die Amygdala ist eine mandelförmige Struktur tief im limbischen System, die für die Verarbeitung von Emotionen, insbesondere Angst, verantwortlich ist. Ihre Hauptaufgabe ist es, potenzielle Bedrohungen zu erkennen und das „Kampf-oder-Flucht"-System zu aktivieren (LeDoux, 2002).

Warum ist das wichtig?

- Sobald eine Bedrohung wahrgenommen wird, sendet die Amygdala Signale an den Hypothalamus.

- Dies führt zur Freisetzung von Stresshormonen wie Adrenalin und Cortisol.

- Diese körperlichen Reaktionen sind es, die Angst so intensiv und überwältigend erscheinen lassen.

Interessanterweise zeigen Studien, dass **Menschen, die mutig handeln, trotzdem eine aktive Amygdala haben** – aber sie nutzen andere Gehirnbereiche, um die Angstreaktion zu regulieren (Pury & Lopez, 2010).

Der präfrontale Kortex ist das „denkendes Gehirn" und verantwortlich für bewusstes Planen, logisches Denken und emotionale Kontrolle. Untersuchungen zeigen, dass Menschen mit einem gut entwickelten präfrontalen Kortex besser in der Lage sind, **ihre Ängste zu regulieren** und bewusst mutige Entscheidungen zu treffen (Etkin et al., 2011).

Was bedeutet das für dich?

- Wenn du Angst bewusst hinterfragst, aktivierst du den präfrontalen Kortex.

- Dies führt dazu, dass dein Gehirn zwischen realer und eingebildeter Gefahr unterscheiden kann.

- Regelmäßige Selbstreflexion und bewusste Konfrontation mit Ängsten stärken diesen Mechanismus langfristig.

C. Die Rolle des Belohnungssystems: Dopamin als Mut-Booster

Mut ist nicht nur eine Reaktion auf Angst, sondern auch eng mit dem Belohnungssystem des Gehirns verknüpft. Wenn wir eine mutige Handlung ausführen, setzt das Gehirn **Dopamin frei**, ein Neurotransmitter, der mit Freude und Belohnung assoziiert wird (Schlund et al., 2010).

Warum ist das wichtig?

- Jede mutige Handlung belohnt dich mit einem positiven Gefühl.

- Dopamin sorgt dafür, dass du dich nach mutigen Taten stärker und selbstbewusster fühlst.

- Dieser Mechanismus erklärt, warum Mut trainierbar ist:
  Je öfter du mutig handelst, desto mehr gewöhnt sich
  dein Gehirn daran.

D. Die Neuroplastizität: Wie du Mut trainieren kannst

Die gute Nachricht ist: Das Gehirn ist plastisch. Das bedeutet,
dass es sich durch wiederholtes Verhalten verändern kann.
Wissenschaftliche Studien zeigen, dass **regelmäßige mutige
Entscheidungen tatsächlich neue neuronale Verbindungen
schaffen und Angstreaktionen reduzieren können** (Doidge,
2007).

Das bedeutet:

- Wenn du dich immer wieder kleinen Herausforderungen
  stellst, veränderst du dein Gehirn dauerhaft.

- Deine Angstreaktion wird mit der Zeit schwächer,
  während dein Mut zunimmt.

2. Psychologische Faktoren des Mutes

Neben den neurologischen Prozessen gibt es psychologische Aspekte, die Mut beeinflussen.

A. Die „Growth Mindset"-Theorie von Carol Dweck

Dweck (2006) unterscheidet zwischen zwei Denkweisen:

- **Fixed Mindset:** Der Glaube, dass Fähigkeiten und Mut angeboren sind.

- **Growth Mindset:** Die Überzeugung, dass Mut durch Übung und Erfahrung wächst.

Menschen mit einem Growth Mindset sehen Herausforderungen als Möglichkeit zum Wachstum, anstatt sie zu vermeiden.

Wie du das für dich nutzen kannst:

- Erkenne, dass Mut erlernt werden kann – es ist kein festgelegtes Persönlichkeitsmerkmal.

- Betrachte Ängste als „Trainingsmöglichkeiten" für deinen Mutmuskel.

B. Die Konfrontationstheorie: Warum Vermeidung Angst verstärkt

Ein zentraler Mechanismus der Angstbewältigung ist die **Konfrontationstheorie** (Craske et al., 2009). Sie besagt, dass **je häufiger du Ängste vermeidest, desto stärker werden sie.**

Das bedeutet:

- Wer seine Ängste immer wieder umgeht, verstärkt unbewusst die Verknüpfung „diese Situation ist gefährlich" im Gehirn.
- Die Lösung: **Geplante, schrittweise Konfrontation mit Ängsten** führt dazu, dass das Gehirn neue, angstfreie Verbindungen herstellt.

Studien zeigen, dass Menschen, die regelmäßig Ängste konfrontieren, langfristig weniger Angst empfinden, weil sie ihr Nervensystem daran gewöhnen (Foa & Kozak, 1986).

C. Selbstwirksamkeit – Der Glaube an die eigene Fähigkeit

Der Psychologe Albert Bandura (1977) prägte den Begriff der **Selbstwirksamkeit**, der beschreibt, wie sehr Menschen daran glauben, dass sie selbst Veränderungen herbeiführen können.

Warum ist das wichtig für Mut?

- Wer glaubt, Kontrolle über sein Leben zu haben, handelt mutiger.
- Studien zeigen, dass Menschen mit hoher Selbstwirksamkeit eher Herausforderungen angehen und weniger Angst vor Misserfolgen haben.

Wie du Selbstwirksamkeit stärken kannst:

✓ Halte dir Erfolge bewusst vor Augen – egal, wie klein sie sind.

✓ Stelle dir bewusst vor, wie du eine angstauslösende Situation meisterst.

✓ Erkenne, dass du durch dein Handeln Einfluss auf dein Leben hast.

Jetzt, da du die wissenschaftlichen Hintergründe des Mutes kennst, geht es darum, dieses Wissen aktiv anzuwenden. Die folgenden Methoden helfen dir, deinen Mut Schritt für Schritt aufzubauen und langfristig Ängste zu überwinden.

A. Die "1%-Mut-Regel" – Schritt für Schritt ins Vertrauen

Große mutige Taten erscheinen oft einschüchternd. Deshalb ist es effektiver, Mut in kleinen Schritten zu trainieren.

So geht's:

1. Wähle eine Sache, die dir Angst macht.

2. Tue sie nicht sofort zu 100%, sondern beginne mit **1% Mut**.

3. Beispiel: Wenn du Angst hast, in der Öffentlichkeit zu sprechen, beginne mit einer kleinen Rede vor Freunden.

4. Steigere dich langsam – das Gehirn gewöhnt sich an das mutige Verhalten.

B. Die "5-Sekunden-Regel" – Wie du Angst mit Sofort-Handlung besiegst

Angst blockiert oft, weil unser Gehirn Zeit hat, um Zweifel zu erschaffen. Die **5-Sekunden-Regel** (Robbins, 2017) unterbricht diesen Prozess.

So funktioniert sie:

1. Sobald du Angst verspürst, zähle rückwärts: **5-4-3-2-1**.

2. Handle sofort! Stehe auf, sprich, schreibe die Nachricht – bevor dein Gehirn eine Ausrede findet.

Diese Technik verhindert, dass Angst dich blockiert, bevor du ins Handeln kommst.

C. Die "Mentale Zeitreise" – Wie du Angst langfristig besiegst

Viele Ängste entstehen, weil wir uns zu stark auf das "Jetzt" konzentrieren. Diese Technik hilft, eine langfristige Perspektive einzunehmen.

Schritt-für-Schritt-Anleitung:

1. **Denke an eine Angst, die du vor 5 Jahren hattest.**

2. **Frage dich:** Hat sie heute noch die gleiche Macht über dich?

3. **Projiziere das auf die Zukunft:** In 5 Jahren wird diese Angst wahrscheinlich bedeutungslos sein.

Das hilft, die emotionale Intensität der Angst im Hier und Jetzt zu reduzieren.

Mut ist trainierbar, aber Veränderungen werden oft erst rückblickend sichtbar. Deshalb hilft ein Mut-Tagebuch, dein Wachstum festzuhalten.

So nutzt du es:

- Notiere dir jeden Tag **eine mutige Tat**, egal wie klein.

- Schreibe auf, **wie du dich vorher und nachher gefühlt hast.**

- Lies es regelmäßig durch, um zu sehen, wie weit du gekommen bist.

Studien zeigen, dass schriftliche Reflexion das Gehirn dabei unterstützt, positive Veränderungen nachhaltiger zu speichern (Pennebaker & Seagal, 1999).

Wie in den psychologischen Grundlagen erklärt, führt das bewusste Vermeiden von Ängsten dazu, dass sie sich verstärken. Expositionstherapie zeigt, dass Ängste abnehmen, wenn wir uns ihnen bewusst aussetzen (Foa & Kozak, 1986).

So funktioniert es:

1. Erstelle eine Liste von Situationen, die dir Angst machen – geordnet nach Intensität.

2. Beginne mit der leichtesten und konfrontiere dich bewusst damit.

3. Bleibe in der Situation, bis die Angst nachlässt – das signalisiert deinem Gehirn, dass keine Gefahr besteht.

4. Steigere dich nach und nach zu herausfordernderen Situationen.

Diese Methode ist wissenschaftlich erwiesen als eine der effektivsten Strategien zur langfristigen Überwindung von Ängsten.

---

4. Mut als Gewohnheit – Langfristige Strategien zur Angstbewältigung

✓ **Visualisiere dein mutiges Ich:** Stelle dir täglich vor, wie du eine mutige Entscheidung triffst.

✓ **Trainiere "kleinen Mut":** Wage jeden Tag eine winzige mutige Tat.

✓ **Ersetze negative Selbstgespräche:** Sag dir nicht "Ich kann nicht", sondern "Ich wachse daran".

✓ **Erinnere dich an Erfolge:** Halte fest, wann du Angst überwunden hast, um dich daran zu stärken.

Mut entsteht durch Wiederholung. Je häufiger du dich mutig verhältst, desto selbstverständlicher wird es für dich.

Mut wird oft als der direkte Gegenspieler der Angst gesehen, aber tatsächlich ist er viel mehr als das. Mut ist eine **Lebenseinstellung**, eine innere Haltung, die uns befähigt, Herausforderungen zu meistern, für uns selbst einzustehen und unser volles Potenzial auszuschöpfen.

A. Mut als emotionale Widerstandskraft (Resilienz)

Psychologische Studien zeigen, dass Menschen mit hoher **Resilienz** (Widerstandskraft gegenüber emotionalen Belastungen) mutiger handeln, weil sie wissen, dass sie auch nach Misserfolgen wieder aufstehen können (Bonanno, 2004).

Wie du Resilienz stärkst:

✓ Akzeptiere, dass Fehler und Rückschläge zum Wachstum gehören.

✓ Entwickle eine lösungsorientierte Denkweise: Fokussiere dich auf das, was du beeinflussen kannst.

✓ Suche soziale Unterstützung – stabile soziale Netzwerke helfen, Ängste zu relativieren.

B. Der Unterschied zwischen „blindem" Mut und bewusstem Mut

Mut bedeutet nicht, unüberlegt in gefährliche Situationen zu springen. Vielmehr geht es um **bewusste Entscheidungen, die trotz Angst getroffen werden.**

✓ **Blinder Mut:** Handeln ohne Reflexion, oft aus Trotz oder Gruppenzwang.

✓ **Bewusster Mut:** Eine durchdachte Entscheidung, die Angst respektiert, aber nicht dominieren lässt.

Menschen, die bewussten Mut trainieren, erleben langfristig mehr Selbstvertrauen und emotionale Stabilität (Bandura, 1997).

---

6. Fortgeschrittene Strategien zur Mutentwicklung

Nachdem wir die Grundlagen des Mutes behandelt haben, vertiefen wir jetzt die effektivsten langfristigen Strategien zur Angstbewältigung und Mutsteigerung.

A. Die „Reverse-Engineering"-Technik für Mut

Oft scheint Mut eine große, unerreichbare Fähigkeit zu sein. Doch wenn du zurückblickst, wirst du erkennen, dass du in der Vergangenheit bereits mutige Entscheidungen getroffen hast.

So funktioniert es:

1. **Erinnere dich an eine Situation, in der du Angst hattest, aber trotzdem gehandelt hast.**

2. **Zerlege den Prozess:** Was hast du gedacht, bevor du gehandelt hast? Welche Schritte hast du unternommen?

3. **Nutze diese Erkenntnisse für die Zukunft:** Wenn du schon einmal mutig warst, kannst du es wieder sein!

Diese Methode hilft dir, Mut nicht als etwas Unbekanntes zu sehen, sondern als eine Fähigkeit, die du bereits besitzt.

B. Die „Mut-Signatur" – Dein persönlicher Mut-Identifikator

Jeder Mensch hat **eine individuelle Art, Mut zu zeigen**. Manche sind besonders mutig im beruflichen Umfeld, andere in zwischenmenschlichen Beziehungen. Um dein Mut-Profil zu verstehen, hilft es, deine **„Mut-Signatur"** zu definieren.

Übung:

1. **Erstelle eine Liste von Situationen, in denen du mutig warst.**

2. **Gibt es ein Muster?** Wo bist du am mutigsten – in Gesprächen, in neuen Situationen, beim Annehmen von Herausforderungen?

3. **Nutze deine Stärke bewusst:** Wenn du weißt, wo du bereits Mut zeigst, kannst du diese Fähigkeit auf andere Lebensbereiche übertragen.

C. Die „Mentor-Technik" – Mut von anderen übernehmen

Eine der schnellsten Möglichkeiten, Mut zu entwickeln, ist das Lernen von Vorbildern.

So geht's:

- Wähle eine Person, die du für ihren Mut bewunderst (real oder fiktiv).

- Frage dich: *Wie würde diese Person in meiner Situation handeln?*

- Handle danach – dein Gehirn kann Mut durch „mentales Nachahmen" erlernen (Bandura, 1977).

D. Wie du Mut in schwierigen Momenten aktivierst

Es gibt Situationen, in denen du sofort Mut brauchst – etwa in Konflikten, schwierigen Gesprächen oder herausfordernden Momenten. Hier helfen sogenannte **„Mut-Anker"**.

Mut-Anker-Technik:

1. **Denke an einen Moment, in dem du dich stark und selbstbewusst gefühlt hast.**

2. **Verknüpfe dieses Gefühl mit einer bewussten Geste** (z. B. Faust ballen, aufrecht stehen).

3. **Nutze diese Geste in einem Moment, in dem du Mut brauchst** – dein Gehirn erinnert sich unbewusst an deine Stärke.

Diese Technik basiert auf Prinzipien des **Neuro-Linguistischen Programmierens (NLP)** und ist eine effektive Methode, um Mut auf Abruf verfügbar zu machen (Bandler & Grinder, 1979).

---

7. Mut als langfristige Lebensstrategie

✓ **Mut ist ein Muskel:** Je öfter du mutig handelst, desto natürlicher wird es.

✓ **Mut ist ansteckend:** Wenn du mutig bist, inspirierst du andere, es auch zu sein.

✓ **Mut wächst mit Herausforderungen:** Je mehr du dich deiner Angst stellst, desto weniger Macht hat sie über dich.

✓ **Mut ist nicht das Fehlen von Angst, sondern die Entscheidung, nicht von ihr beherrscht zu werden.**

- Wie Mut neurologisch und psychologisch funktioniert.

- Warum Mut nicht das Fehlen von Angst ist, sondern das bewusste Handeln trotz Angst.

- Wie du mit wissenschaftlich erprobten Methoden deinen Mut trainieren kannst.

- Welche praktischen Übungen dich auf deinem Weg zu mehr innerer Stärke unterstützen.

Kapitel 7: Innere Blockaden auflösen – Der Weg zur mentalen Freiheit

Hast du dich jemals gefragt, warum du trotz deines Wissens, deiner Fähigkeiten und deines Wunsches nach Veränderung immer wieder an derselben Stelle feststeckst? Warum es dir schwerfällt, Ängste dauerhaft zu überwinden oder in bestimmten Lebensbereichen nicht weiterzukommen? Die Antwort liegt oft in **inneren Blockaden.**

Innere Blockaden sind tief verwurzelte mentale und emotionale Muster, die uns daran hindern, unser volles Potenzial auszuschöpfen. Sie entstehen durch negative Erfahrungen, limitierende Glaubenssätze und tief sitzende Ängste. In diesem Kapitel erfährst du:

- **Wie innere Blockaden entstehen und warum sie so mächtig sind.**

- **Welche wissenschaftlichen Mechanismen hinter mentalen Blockaden stecken.**

- **Wie du diese Blockaden bewusst identifizieren und auflösen kannst.**

- **Welche Strategien dir helfen, dich langfristig mental frei zu machen.**

Innere Blockaden sind keine Einbildung – sie sind **biologisch und psychologisch erklärbare Phänomene.** Unser Gehirn ist darauf programmiert, **Muster zu erkennen und Routinen zu etablieren**, um Energie zu sparen. Das bedeutet: Wenn du einmal eine negative Erfahrung gemacht hast, speichert dein Gehirn diese ab, um dich in Zukunft vor ähnlichen Situationen zu „schützen".

A. Das limbische System und die emotionale Kontrolle

Das limbische System, insbesondere die Amygdala, spielt eine zentrale Rolle bei der Verarbeitung von Emotionen und der Steuerung unserer Reaktionen auf potenzielle Gefahren (LeDoux, 1996).

Wie das deine Blockaden beeinflusst:

- Wenn du in der Vergangenheit Angst oder Misserfolg erlebt hast, speichert die Amygdala diese Information ab.

- Jedes Mal, wenn du in eine ähnliche Situation gerätst, sendet sie ein Warnsignal aus – selbst wenn keine echte Gefahr besteht.

- Das führt dazu, dass du **unbewusst Verhaltensweisen entwickelst, um diese Situationen zu vermeiden** (z. B. Aufschieben, Selbstzweifel, Angst vor Konfrontation).

B. Der Einfluss des präfrontalen Kortex auf deine Denkmuster

Der präfrontale Kortex ist der „logische Denker" in deinem Gehirn. Er hilft dir, rationale Entscheidungen zu treffen und Emotionen zu regulieren (Miller & Cohen, 2001). Doch wenn die Amygdala zu stark aktiviert wird (z. B. durch Angst oder alte Glaubenssätze), hat der präfrontale Kortex **weniger Kontrolle** – und du handelst automatisch nach alten Mustern.

Das bedeutet:

- **Je stärker deine Ängste sind, desto weniger kannst du logisch handeln.**

- **Wenn du Blockaden auflösen willst, musst du bewusst den präfrontalen Kortex aktivieren.**

C. Das Unterbewusstsein als Speicher für Blockaden

Unser Bewusstsein macht nur etwa **5% unserer täglichen Entscheidungen aus** – die restlichen 95% werden von unserem Unterbewusstsein gesteuert (Dijksterhuis & Nordgren, 2006).

Warum das wichtig ist:

- Viele deiner Ängste und Selbstzweifel sind unbewusst entstanden.

- Sie wurden in der Kindheit oder durch wiederholte negative Erfahrungen tief im Unterbewusstsein verankert.

- Das bedeutet: **Um Blockaden wirklich zu lösen, reicht reines rationales Denken nicht aus – du musst dein Unterbewusstsein aktiv einbeziehen.**

2. Die häufigsten Arten innerer Blockaden

Blockaden äußern sich auf unterschiedliche Weise. Sie können sich subtil in deinen Gedanken, Gefühlen und Handlungen zeigen.

A. Limitierende Glaubenssätze

Glaubenssätze sind tief verankerte Überzeugungen, die deine Wahrnehmung und dein Verhalten beeinflussen. Negative Glaubenssätze können dich massiv einschränken.

Beispiele für limitierende Glaubenssätze:

- „Ich bin nicht gut genug."

- „Ich habe kein Talent für XYZ."

- „Ich werde es sowieso nicht schaffen."

- „Erfolg ist für andere, nicht für mich."

B. Angst vor Veränderung

Dein Gehirn liebt das Bekannte – selbst wenn es nicht gut für dich ist. Deshalb fürchten viele Menschen Veränderungen, auch wenn sie sich eine bessere Zukunft wünschen.

Wie sich diese Blockade zeigt:

✓ Du hältst an ungesunden Beziehungen oder Jobs fest.

✓ Du schiebst Entscheidungen auf.

✓ Du sabotierst dich selbst, wenn es darum geht, neue Chancen zu ergreifen.

C. Perfektionismus als versteckte Angst

Viele Menschen glauben, Perfektionismus sei eine positive Eigenschaft. In Wahrheit ist er oft nur **eine Maske für Angst vor Fehlern und Kritik.**

Wie sich Perfektionismus als Blockade äußert:

✓ Du fängst Projekte nicht an, weil sie „noch nicht perfekt" sind.

✓ Du verschwendest unendlich viel Zeit an Details.

✓ Du meidest Situationen, in denen du nicht sofort glänzen kannst.

D. Selbstsabotage – Warum wir uns oft selbst im Weg stehen

Hast du jemals bemerkt, dass du in wichtigen Momenten „plötzlich" krank wirst, vergisst, was zu tun war, oder unerklärlich unmotiviert wirst? Das ist kein Zufall – es ist Selbstsabotage.

Warum passiert das?

- Dein Unterbewusstsein versucht, dich vor Misserfolg oder Ablehnung zu „schützen".

- Wenn du denkst, dass du keinen Erfolg verdienst, sabotierst du dich unbewusst.

- Dies zeigt sich in Prokrastination, Unpünktlichkeit oder unüberlegten Entscheidungen.

- Innere Blockaden sind tief in deinem Gehirn verankert und folgen neurologischen Mustern.

- Negative Erfahrungen, limitierende Glaubenssätze und unbewusste Ängste formen dein Verhalten – oft ohne dein Wissen.

- Um Blockaden zu lösen, musst du dein Unterbewusstsein aktiv einbeziehen und neue Denk- und Verhaltensweisen trainieren.

4. Methoden zur Auflösung innerer Blockaden

Nachdem wir nun verstanden haben, wie innere Blockaden entstehen und warum sie so mächtig sind, geht es nun darum, **sie bewusst zu lösen**. Die folgenden Methoden sind wissenschaftlich fundiert und helfen dir, deine Ängste und Selbstzweifel aktiv zu überwinden.

A. Die „Reframing"-Technik – Deine Perspektive bewusst verändern

Eine der mächtigsten Methoden zur Überwindung innerer Blockaden ist **Reframing** – also das bewusste Umdeuten negativer Gedanken.

Wie funktioniert es?

1. **Identifiziere einen blockierenden Gedanken.** Zum Beispiel: „Ich bin nicht gut genug."

2. **Hinterfrage diesen Gedanken:** Gibt es Beweise, die das Gegenteil zeigen?

3. **Formuliere ihn neu:** Statt „Ich bin nicht gut genug" → „Ich bin lernfähig und entwickle mich ständig weiter."

Studien zeigen, dass das bewusste Umlenken negativer Gedanken neue neuronale Verbindungen im Gehirn stärkt und Ängste langfristig reduziert (Beck, 2011).

Selbstsabotage ist oft unbewusst. Diese Technik hilft dir, sie bewusst zu erkennen und zu stoppen.

Schritt 1: Erkennen

- Achte darauf, wann du dich selbst ausbremst (z. B. Prokrastination, Perfektionismus, Selbstzweifel).

- Notiere diese Momente in einem Journal.

Schritt 2: Analysieren

- Frage dich: *Wovor will mich diese Blockade „schützen"?* (z. B. Angst vor Ablehnung, Versagen oder Kritik)

- Gibt es wirklich eine reale Gefahr oder ist es eine alte Denkweise?

Schritt 3: Neu handeln

- Entscheide dich bewusst für eine neue Handlung.

- Beispiel: Statt „Ich mache es später" → „Ich mache es jetzt für 10 Minuten."

> Langfristig verändert dieses bewusste Umlernen deine Denkweise und gibt dir mehr Kontrolle über deine Handlungen (Dweck, 2006).

C. Die „Vergangenheitsheilung" – Alte Glaubenssätze überschreiben

Viele unserer Blockaden stammen aus der Kindheit oder früheren Erfahrungen. Diese Technik hilft, alte Wunden zu erkennen und bewusst aufzulösen.

Übung:

1. **Schreibe auf:** Gibt es eine Erfahrung, die dich immer noch beeinflusst? (z. B. eine abwertende Bemerkung in der Schule, die dein Selbstbild geprägt hat)

2. **Erkenne die Quelle:** Wer hat diesen Glaubenssatz geprägt? War er wirklich wahr?

3. **Ersetze ihn bewusst:** Schreibe eine neue, positive Interpretation dieser Situation auf.

> Psychologische Studien zeigen, dass das bewusste Umdeuten alter Erinnerungen die emotionale Reaktion darauf verändert und emotionale Blockaden abbaut (Siegel, 2012).

D. Die „Handlungs-Belohnungs-Methode" – Neues Verhalten langfristig verankern

Unser Gehirn liebt Belohnungen – sie verstärken neues Verhalten und helfen, Ängste zu überwinden.

So funktioniert es:

1. Setze dir eine kleine Herausforderung (z. B. eine Angst konfrontieren).

2. Verknüpfe sie mit einer direkten Belohnung (z. B. ein schönes Abendessen oder einen Spaziergang).

3. Wiederhole diesen Prozess regelmäßig – dein Gehirn beginnt, Mut mit positiven Gefühlen zu verknüpfen.

> Diese Methode basiert auf der **operanten Konditionierung,** einem Konzept aus der Verhaltenspsychologie (Skinner, 1953).

E. Die „Schreib-Exposition" – Ängste durch schriftliches Verarbeiten abbauen

Viele Blockaden basieren auf unbewussten Ängsten. Eine bewährte Methode, sie zu lösen, ist **expressives Schreiben.**

Wie geht das?

1. Setze dir einen Timer für 10 Minuten.

2. Schreibe unzensiert alles auf, was dir zu einer Angst oder Blockade in den Sinn kommt.

3. Lies es dir laut vor und frage dich: *Ist das wirklich wahr? Was ist das Schlimmste, das passieren kann?*

> Studien zeigen, dass regelmäßiges Schreiben über Ängste das Gehirn „entlastet" und Ängste langfristig reduziert (Pennebaker & Seagal, 1999).

5. Langfristige Strategien zur mentalen Freiheit

Innere Blockaden aufzulösen ist kein einmaliger Prozess – es ist ein kontinuierlicher Weg. Hier sind einige langfristige Strategien, um frei von blockierenden Denkmustern zu bleiben:

✓ **Bewusstes Selbstgespräch führen:** Achte darauf, wie du mit dir selbst sprichst – fördere aufbauende Gedanken.

✓ **Neue Erfahrungen sammeln:** Dein Gehirn lernt durch Erfahrung – setze dich bewusst neuen Herausforderungen aus.

✓ **Meditation und Achtsamkeit:** Studien zeigen, dass Achtsamkeitstraining das limbische System beruhigt und emotionale Reaktionen verbessert (Kabat-Zinn, 2003).

✓ **Soziale Unterstützung suchen:** Sprich mit Freunden oder Therapeuten über deine Fortschritte – geteilte Herausforderungen sind oft leichter zu bewältigen.

✓ **Fehler als Lernprozess sehen:** Jeder Misserfolg ist eine Chance zur Weiterentwicklung – er zeigt dir, wo du wachsen kannst.

Manche Blockaden verschwinden relativ schnell, sobald man sie bewusst erkennt und umprogrammiert. Andere scheinen sich hartnäckig festzuhalten, selbst wenn du bereits intensiv an ihnen gearbeitet hast. Doch warum ist das so?

A. Neuroplastizität – Warum tief verankerte Muster länger brauchen

Unser Gehirn baut neuronale Verbindungen basierend auf wiederholten Gedanken und Erfahrungen auf. Ein tief sitzender Glaubenssatz wie *„Ich bin nicht gut genug"* wurde vielleicht über Jahrzehnte hinweg unbewusst verstärkt – durch Eltern, Lehrer oder eigene Erfahrungen.

Studien zeigen, dass **je häufiger ein Gedanke wiederholt wird, desto stärker wird die neuronale Verbindung im Gehirn** (Hebb, 1949). Das bedeutet:

- **Negative Gedanken, die über Jahre hinweg gedacht wurden, haben besonders starke Nervenverbindungen.**

- **Neue positive Gedanken brauchen Zeit, um sich durchzusetzen, weil das Gehirn alte Muster erst „verlernen" muss.**

- **Je öfter du ein neues, positives Muster wiederholst, desto leichter wird es – bis es irgendwann zur neuen Realität wird.**

→ **Übung:** Stelle dir dein Gehirn wie einen Waldweg vor. Wenn du immer denselben Weg gegangen bist (negative Denkmuster), ist er festgetreten. Nun musst du **einen neuen Weg freilegen** – das braucht Zeit, Wiederholung und bewusste Anstrengung.

B. Die emotionale Ladung von Blockaden – Warum manche mehr wehtun als andere

Nicht alle Blockaden sind gleich. Einige sind rational, andere emotional tief verankert. Besonders intensive Blockaden haben oft emotionale Traumata als Ursprung. Diese emotionalen Erinnerungen sind im **limbischen System gespeichert** und können nicht einfach durch rationales Denken überschrieben werden (Van der Kolk, 2014).

Wie du emotionale Blockaden auflöst: ✓ Emotionen bewusst zulassen: Statt dich gegen Ängste oder Selbstzweifel zu wehren, erlaube dir, sie zu fühlen. **✓ Den Ursprung erforschen:** Frage dich: *Wann habe ich das erste Mal so gedacht?* Oft führt diese Frage zu einem bestimmten Ereignis in der Kindheit oder Jugend. **✓ Mit Mitgefühl auf das alte Ich blicken:** Stelle dir vor, wie du deinem jüngeren Ich Mut zusprichst. Ersetze destruktive Gedanken durch Selbstfreundlichkeit.

→ **Übung:** Schreibe einen Brief an dein jüngeres Ich, in dem du ihm sagst, dass es nicht schuld ist, sondern wertvoll und stark.

C. Die „Akzeptanz-Paradox"-Methode – Warum Widerstand gegen Blockaden sie verstärkt

Ein interessanter psychologischer Mechanismus ist das sogenannte **„Akzeptanz-Paradox"**. Es besagt, dass **je mehr du**

gegen eine Blockade ankämpfst, desto stärker hält sie sich fest
(Hayes et al., 1999).

> **Beispiel:** Wenn du denkst *„Ich darf keine Angst haben"*,
> signalisiert das deinem Gehirn, dass Angst etwas Bedrohliches
> ist – was sie noch stärker macht.

Lösung: Statt gegen die Angst oder Blockade zu kämpfen,
akzeptiere sie bewusst als Teil deiner Erfahrung. Sage dir:

✓ „Es ist okay, dass ich mich gerade unsicher fühle."

✓ „Diese Gedanken gehören zu mir, aber sie definieren mich
nicht."

✓ „Ich entscheide mich, trotzdem zu handeln."

→ **Übung:** Setze dich 5 Minuten still hin und sage dir bewusst
„Ich erlaube dieser Blockade, da zu sein". Spüre, wie sich die
Spannung langsam löst.

---

7. Fortgeschrittene Methoden zur nachhaltigen Transformation

A. Mentales „Priming" – Dein Gehirn auf Erfolg programmieren

Priming bedeutet, dass du dein Gehirn gezielt auf eine
bestimmte Denkweise trainierst. Studien zeigen, dass
**Menschen, die sich regelmäßig mit positiven Bildern und
Worten umgeben, langfristig optimistischer und mutiger
werden** (Bargh et al., 2001).

Wie du dein Gehirn primen kannst:

✓ Hänge inspirierende Zitate an deine Wand.

✓ Visualisiere dein zukünftiges, blockadenfreies Ich.

✓ Sprich täglich positive Affirmationen laut aus.

→ **Übung:** Jeden Morgen vor dem Spiegel 2 Minuten lang folgende Sätze wiederholen:

- „Ich bin mutig und stark."

- „Ich bin bereit, meine Blockaden aufzulösen."

- „Ich verdiene Erfolg und Glück."

B. Die „Zukunfts-Rückblick-Technik" – Deine Blockaden aus der Perspektive der Zukunft betrachten

Eine der effektivsten Methoden, um eine neue Denkweise zu etablieren, ist das Betrachten deines Lebens aus einer zukünftigen Perspektive.

So geht's:

1. Stell dir vor, du bist **5 Jahre älter** und hast all deine Ängste und Blockaden überwunden.

2. Schreibe einen Brief von deinem zukünftigen Ich an dein heutiges Ich und erkläre, wie du es geschafft hast.

3. Lies diesen Brief täglich – dein Gehirn wird diese positive Zukunft als realistische Möglichkeit abspeichern.

Psychologische Forschungen zeigen, dass Menschen, die ihre Zukunft bewusst visualisieren, **signifikant höhere Erfolgschancen haben** (Taylor et al., 1998).

C. Die „Angst-Herausforderungs-Liste" – Praktische Konfrontation mit Ängsten

Oft wissen wir, dass eine Blockade uns zurückhält, aber wir vermeiden es, uns ihr direkt zu stellen. Hier hilft die **Angst-Herausforderungs-Liste**.

So geht's:

1. Schreibe eine Liste mit **10 Dingen**, vor denen du Angst hast oder die du immer wieder vermeidest.

2. Ordne sie nach Intensität von „leicht" bis „sehr herausfordernd".

3. Starte mit der leichtesten Herausforderung und setze sie innerhalb der nächsten Woche um.

4. Arbeite dich Schritt für Schritt nach oben.

➡ **Erfolgsgarantie:** Dein Gehirn wird lernen, dass nichts Schlimmes passiert – und die Blockade verliert an Kraft.

8. Die Entscheidung für innere Freiheit

✓ Blockaden sind keine unveränderliche Realität – sie sind neuronale Muster, die umprogrammiert werden können.

✓ Je mehr du dich deinen Ängsten stellst, desto schwächer werden sie – das ist neurologisch bewiesen.

✓ Mit konsequenter Anwendung dieser Techniken kannst du dein Gehirn auf mentale Freiheit umschalten.

✓ Es ist nie zu spät, eine neue Denkweise zu entwickeln und alte Muster zu durchbrechen.

Fazit: Dein Weg zur inneren Freiheit

Kapitel 7 hat dir gezeigt:

- **Wie Blockaden im Gehirn entstehen und warum sie dich zurückhalten.**

- **Wissenschaftlich fundierte Methoden, um alte Muster zu erkennen und aufzulösen.**

- **Praktische Strategien zur langfristigen Überwindung von Ängsten und Selbstzweifeln.**

Kapitel 8: Dein neues Selbstbild – Wie du dich selbst neu definierst

Jeder Mensch hat ein Selbstbild – eine innere Vorstellung davon, wer er ist, was er kann und was er wert ist. Doch oft ist dieses Bild nicht realistisch, sondern geformt durch vergangene Erfahrungen, äußere Einflüsse und alte Glaubenssätze. Ein negatives Selbstbild kann dich daran hindern, dein volles Potenzial zu entfalten. In diesem Kapitel lernst du:

- **Wie dein Selbstbild entsteht und welche Mechanismen es formen.**

- **Warum ein negatives Selbstbild oft unbewusst dein Verhalten steuert.**

- **Wie du gezielt ein neues, kraftvolles Selbstbild entwickelst, das dich stärkt.**

- **Welche wissenschaftlich fundierten Methoden helfen, das Selbstbild langfristig zu verändern.**

---

1. Die Wissenschaft hinter dem Selbstbild

Dein Selbstbild ist kein festes, unveränderliches Konstrukt. Es entsteht durch Erfahrungen, soziale Einflüsse und die Art und Weise, wie du über dich selbst denkst.

A. Das Selbstbild und die neuronale Struktur des Gehirns

Studien aus der Neuropsychologie zeigen, dass unser Selbstbild in bestimmten Bereichen des Gehirns gespeichert wird – insbesondere im **präfrontalen Kortex und im medialen**

temporalen Lappen (Damasio, 1999). Diese Regionen sind für die Verarbeitung von Erinnerungen, Emotionen und der Selbstwahrnehmung verantwortlich.

Warum ist das wichtig?

- Wenn du immer wieder denkst: *„Ich bin nicht gut genug"*, verstärkst du diese neuronalen Netzwerke.

- Positive Gedanken über dich selbst können diese alten Verbindungen überschreiben und neue, stärkende Netzwerke aufbauen.

- Dein Selbstbild ist also nicht „in Stein gemeißelt", sondern kann bewusst geformt werden.

→ **Fazit:** Je häufiger du dein neues Selbstbild bewusst stärkst, desto mehr passt sich dein Gehirn daran an.

B. Der Einfluss sozialer Prägung auf dein Selbstbild

Schon als Kind entwickeln wir unser Selbstbild größtenteils durch die Reaktionen unserer Umwelt. Die Theorien von Albert Bandura (1977) zeigen, dass: ✓ **Eltern, Lehrer und Bezugspersonen** unsere ersten Überzeugungen über uns selbst prägen. ✓ **Wiederholte Kritik oder Ablehnung** dazu führen kann, dass sich negative Selbstbilder entwickeln. ✓ **Ein positives Umfeld** unser Selbstbild nachhaltig stärken kann.

Das bedeutet für dich:

- Dein aktuelles Selbstbild basiert oft auf alten Bewertungen, die heute nicht mehr gültig sind.

- Du kannst lernen, diese negativen Einflüsse bewusst zu hinterfragen und neue Überzeugungen zu formen.

→ **Übung:** Denke an eine Situation in der Vergangenheit, in der dir jemand gesagt hat, dass du etwas nicht kannst. Frage dich: *War diese Aussage wirklich objektiv? Oder war es nur eine Meinung?*

---

2. Das versteckte Selbstbild – Wie unbewusste Überzeugungen dein Leben steuern

Nicht alle Selbstbilder sind uns bewusst. Manche steuern unser Verhalten aus dem Unterbewusstsein heraus.

A. Das Konzept der „Selbst-Erfüllenden Prophezeiung"

Die Forschung zeigt, dass unser Selbstbild unser Verhalten maßgeblich beeinflusst. Psychologische Experimente (Rosenthal & Jacobson, 1968) haben bewiesen:

- Menschen, die glauben, sie seien nicht gut in etwas, verhalten sich entsprechend – sie strengen sich weniger an und bestätigen so ihre eigenen Zweifel.

- Menschen, die an ihre Fähigkeiten glauben, zeigen automatisch mehr Einsatz – und erzielen bessere Ergebnisse.

Alte, einschränkende Überzeugungen über dich selbst sind wie alte Programme, die im Hintergrund laufen. Um sie zu überschreiben, musst du sie zuerst bewusst machen.

Die 3-Schritte-Technik zur Selbstbildveränderung:

1. **Identifiziere negative Überzeugungen über dich selbst.**

   o Beispiel: *„Ich bin nicht durchsetzungsfähig.“*

2. **Hinterfrage diese Überzeugungen:**

   o *Gibt es Beweise dafür? Sind sie wirklich wahr? Oder sind es nur alte Annahmen?*

3. **Ersetze sie durch neue, stärkende Überzeugungen:**

   o Statt *„Ich bin nicht durchsetzungsfähig“* → *„Ich kann lernen, meine Meinung klar zu vertreten.“*

→ **Übung:** Schreibe eine Liste mit deinen 5 häufigsten negativen Gedanken über dich selbst und formuliere für jeden eine positive Alternative.

4. Dein neues Selbstbild gezielt aufbauen

Sobald du dein altes Selbstbild hinterfragst, kannst du beginnen, gezielt ein neues aufzubauen.

Effektive Methoden zur Stärkung deines neuen Selbstbilds: ✓ **Visualisierung:** Stelle dir täglich vor, wie du als dein neues, selbstbewusstes Ich handelst. ✓ **Affirmationen:** Wiederhole bewusst stärkende Sätze über dich selbst (z. B. *„Ich bin stark und fähig."*). ✓ **Tägliche Erfolge dokumentieren:** Notiere jeden Abend drei Dinge, die du gut gemacht hast. ✓ **Bewusst neue Erfahrungen sammeln:** Setze dich regelmäßig Herausforderungen aus, um dein Selbstbild mit positiven Erlebnissen zu untermauern.

→ **Übung:** Stelle dir dein zukünftiges Ich vor – in einem Jahr. Wie sieht es aus? Wie spricht es? Wie verhält es sich? Schreibe es in einem Brief an dein heutiges Ich auf.

---

5. Die Langzeitstrategie: Wie du dein Selbstbild nachhaltig veränderst

Ein neues Selbstbild entsteht nicht über Nacht – es braucht regelmäßige Wiederholung und bewusste Praxis.

✓ Achte darauf, wie du mit dir selbst sprichst – vermeide selbstkritische Gedanken.

✓ Umgib dich mit Menschen, die dein Wachstum unterstützen und dich positiv sehen. ✓ Nutze tägliche Routinen, um dein neues Selbstbild zu festigen.

✓ Erkenne Fortschritte an – auch kleine Schritte zählen!

→ **Fazit:** Dein Selbstbild bestimmt dein Leben – aber du hast die Macht, es zu formen. Je bewusster du daran arbeitest, desto mehr wirst du in dein wahres Potenzial hineinwachsen.

6. Die tiefe Verbindung zwischen Selbstbild und Identität

Dein Selbstbild ist mehr als nur eine Vorstellung davon, wer du bist – es ist der Kern deiner Identität. Wenn du ein negatives Selbstbild hast, kann das deine gesamte Wahrnehmung beeinflussen. Doch die gute Nachricht ist: **Identität ist formbar.**

A. Das Konzept der „Selbst-Kohärenz" – Warum das Gehirn sich gegen Veränderungen wehrt

Das Gehirn liebt Stabilität. Deshalb fühlt es sich oft „unangenehm" an, ein neues Selbstbild zu etablieren. Dieses Phänomen wird in der Psychologie als **Selbst-Kohärenz** bezeichnet (Swann, 1987). Es bedeutet, dass unser Gehirn Bestätigung für unser aktuelles Selbstbild sucht – selbst wenn es negativ ist.

Warum ist das wichtig? ✓ Wenn du immer gedacht hast, „Ich bin nicht durchsetzungsfähig", wird dein Gehirn nach Beweisen suchen, um diese Überzeugung zu bestätigen. ✓ Selbst wenn du eine neue Überzeugung wie „Ich bin stark" etablieren willst, kann sich das zunächst fremd anfühlen. ✓ Um wirklich ein neues Selbstbild zu erschaffen, musst du dein Gehirn mit neuen Erfahrungen „umprogrammieren".

→ **Übung:** Schreibe eine Liste mit Situationen, in denen du dich durchgesetzt hast – auch wenn es kleine Momente waren. Dein

Gehirn muss lernen, neue Beweise für dein neues Selbstbild zu akzeptieren.

B. Der Einfluss des „Inneren Dialogs" – Wie du mit dir selbst sprichst, formt dein Selbstbild

Die Worte, die du täglich in deinem Kopf verwendest, bestimmen maßgeblich, wie du dich selbst siehst. Laut psychologischen Studien haben Menschen mit positiver Selbstwahrnehmung **eine völlig andere innere Sprache** als Menschen mit Selbstzweifeln (Beck, 2011).

Typische negative Gedanken vs. positive Alternativen:

- „Ich bin nicht gut genug." → „Ich bin ein Mensch, der wächst und lernt."

- „Ich werde das nie schaffen." → „Ich nehme eine Herausforderung an und wachse daran."

- „Andere sind besser als ich." → „Jeder hat seine eigene Entwicklungsgeschwindigkeit, und ich konzentriere mich auf meinen Fortschritt."

→ **Übung:** Führe ein „Selbstbild-Tagebuch" und notiere jeden negativen Gedanken über dich. Dann formuliere ihn bewusst in eine positive, stärkende Version um.

7. Fortgeschrittene Methoden zur nachhaltigen Selbstbildveränderung

Ein neues Selbstbild braucht Zeit und regelmäßige Verstärkung. Hier sind einige fortgeschrittene Techniken, die dein Selbstbild dauerhaft stärken.

A. Die „Identitäts-Visualisierung" – Werde zur besten Version deiner selbst

Unser Gehirn kann nicht zwischen Vorstellung und Realität unterscheiden – deshalb sind Visualisierungen so mächtig (Taylor et al., 1998).

So geht's:

1. Schließe die Augen und stelle dir dein zukünftiges Ich vor, das vollkommen selbstbewusst, stark und glücklich ist.

2. Welche Kleidung trägst du? Wie bewegst du dich? Wie sprichst du?

3. Tauche tief in dieses Bild ein und spüre, wie es sich anfühlt, diese Person zu sein.

4. Wiederhole diese Übung täglich – dein Gehirn wird beginnen, dieses neue Selbstbild als real zu akzeptieren.

→ **Tipp:** Schreibe eine kurze Beschreibung deines zukünftigen Ichs auf und lies sie jeden Morgen durch.

B. Die „Verhaltens-Identifikation" – Handeln wie dein zukünftiges Ich

Viele Menschen glauben, dass sie sich erst „gut fühlen" müssen, um selbstbewusst zu handeln. Doch die Forschung zeigt: **Es funktioniert genau umgekehrt** – erst durch mutiges Handeln entsteht ein selbstbewusstes Gefühl (Dweck, 2006).

Übung:

1. Frage dich: *Wie würde mein zukünftiges, selbstbewusstes Ich in dieser Situation handeln?*

2. Tue genau das – auch wenn es sich ungewohnt anfühlt.

3. Wiederhole dies täglich, bis dein Gehirn es als normalen Teil deiner Identität akzeptiert.

→ **Fazit:** Indem du dich wie dein zukünftiges Ich verhältst, beschleunigst du deine Transformation enorm.

C. Die „Reputationstechnik" – Sehe dich durch die Augen anderer

Oft haben wir ein verzerrtes Selbstbild, das sich von der Realität unterscheidet. Diese Technik hilft, eine objektivere Sicht auf uns selbst zu bekommen.

So funktioniert es: ✓ Frage enge Freunde oder Familienmitglieder, wie sie dich sehen. ✓ Bitte sie, drei Stärken und positive Eigenschaften von dir zu nennen. ✓ Vergleiche diese mit deinem aktuellen Selbstbild – wo gibt es Diskrepanzen? ✓ Arbeite gezielt daran, das positive Feedback in dein neues Selbstbild zu integrieren.

→ **Tipp:** Oft sehen andere unsere Stärken viel klarer als wir selbst. Nutze dieses externe Feedback als Bestätigung für dein neues Selbstbild.

8. Dein neues Selbstbild verankern – Die Kraft der Wiederholung

Ein neues Selbstbild entsteht nicht über Nacht – es braucht **kontinuierliche Wiederholung und bewusste Praxis.** Hier sind einige Strategien, um dein neues Selbstbild dauerhaft zu verankern:

✓ **Rituale etablieren:** Beginne deinen Tag mit einer positiven Affirmation über dich selbst.

✓ **Mentale Wiederholung:** Visualisiere dein zukünftiges Ich täglich.

✓ **Tägliche Selbstverstärkung:** Notiere jeden Abend eine Situation, in der du dich in Einklang mit deinem neuen Selbstbild verhalten hast.

✓ **Bewusstes Handeln:** Treffe tägliche Entscheidungen aus der Perspektive deines neuen Selbst.

✓ **Fehler als Lernchance sehen:** Dein Selbstbild verändert sich nicht durch Perfektion, sondern durch mutige Schritte und Erkenntnisse.

→ **Fazit:** Je bewusster du dein neues Selbstbild täglich pflegst, desto mehr wird es zur Realität.

Kapitel 9: Dein neues Selbstbild als Schlüssel zu deinem vollen Potenzial

Nachdem du dein Selbstbild transformiert und nachhaltig gefestigt hast, geht es nun um den nächsten Schritt: **Dein volles Potenzial entfalten und bewusst die Möglichkeiten deines Lebens ausschöpfen.**

Viele Menschen bleiben trotz innerer Veränderung in ihren alten Gewohnheiten stecken, weil sie ihre neuen Fähigkeiten nicht aktiv nutzen. Doch ein starkes Selbstbild allein reicht nicht – du musst auch bewusst danach handeln.

In diesem Kapitel lernst du:

✓ **Wie du dein neues Selbstbild in konkrete Handlungen umsetzt.**

✓ **Wie du deine Ziele mit Klarheit und Strategie erreichst.**

✓ **Wie du mentale Blockaden erkennst, die dich an deiner Entfaltung hindern.**

✓ **Wie du mit Widerständen umgehst, die auf dem Weg zu deinem Potenzial auftauchen.**

---

1. Der Zusammenhang zwischen Selbstbild und Potenzial

Selbstbild und Potenzial sind eng miteinander verknüpft. Dein Selbstbild bestimmt, was du dir zutraust – und das beeinflusst, welche Chancen du nutzt oder ungenutzt lässt.

A. Die psychologische Grenze: Warum Menschen unter ihren Möglichkeiten bleiben

Laut Forschungen zur Selbstwirksamkeit (Bandura, 1997) glauben viele Menschen **unbewusst**, dass sie nur ein gewisses Maß an Erfolg oder Glück „verdienen". Diese psychologische Grenze hält sie davon ab, größere Schritte zu wagen.

So überwindest du deine unbewusste Begrenzung:

✓ **Erkenne, wo du dich selbst zurückhältst.** Gibt es Chancen, die du ablehnst, weil du Angst hast, dass sie „zu groß" für dich sind?

✓ **Visualisiere dein maximales Potenzial.** Stell dir vor, es gibt keine Begrenzung – was würdest du tun?

✓ **Nutze kleine Erfolgsschritte.** Mache bewusst Dinge, die dich herausfordern, um deine Komfortzone zu erweitern.

➡ **Tipp:** Mache eine Liste mit Dingen, die du tun würdest, wenn du keine Angst oder Zweifel hättest – und beginne, sie umzusetzen.

---

2. Der nächste Schritt: Von Selbstbild zu bewusstem Handeln

Ein neues Selbstbild zu haben ist großartig – aber es zeigt sich erst in der Realität, wenn du aktiv nach ihm handelst.

A. Die „Identitäts-Handlungs-Brücke" – Dein Verhalten bewusst anpassen

Deine Identität wird durch deine täglichen Entscheidungen geformt. Jedes Mal, wenn du nach deinem neuen Selbstbild handelst, stärkst du es.

So nutzt du die Identitäts-Handlungs-Brücke:

1. **Frage dich bei jeder Entscheidung:** *Passt das zu meinem neuen Selbstbild?*

2. **Handle bewusst nach deinem neuen Ich.** Wenn dein altes Selbstbild dich zögern lässt, erinnere dich daran, wer du sein willst.

3. **Nutze Routinen, um dein Verhalten zu automatisieren.** Je öfter du mutig handelst, desto mehr wird es zur Gewohnheit.

➡ **Übung:** Schreibe eine Liste mit täglichen Entscheidungen, die dein neues Selbstbild widerspiegeln, und überprüfe, ob du konsequent danach handelst.

B. Die „Ziel-Klarheits-Methode" – Deine Richtung bewusst wählen

Dein Potenzial zu entfalten bedeutet, klare Ziele zu setzen. Doch viele Menschen setzen sich entweder keine konkreten Ziele oder haben so viele, dass sie keine Priorität setzen.

Die 3-Schritte-Ziel-Klarheits-Methode:

1. **Finde dein „Warum".** Warum willst du dein Potenzial entfalten? Was treibt dich wirklich an?

2. **Definiere dein Ziel messbar.** Ein klares Ziel lautet nicht „Ich will erfolgreicher sein", sondern „Ich werde

innerhalb von sechs Monaten ein neues Projekt starten, das meine Stärken nutzt."

3. **Brich dein Ziel in kleine Etappen.** Große Ziele sind leichter zu erreichen, wenn du sie in konkrete, machbare Schritte unterteilst.

→ **Übung:** Schreibe dein Hauptziel auf und formuliere es nach der SMART-Methode (spezifisch, messbar, erreichbar, relevant, terminiert).

---

3. Hindernisse auf dem Weg zur vollen Entfaltung

Jede Veränderung bringt Herausforderungen mit sich – doch die größten Hindernisse kommen oft aus uns selbst.

A. Die „Schatten-Momente" – Innere Widerstände erkennen und lösen

Wenn du dich veränderst, tauchen oft unbewusste Ängste auf. Diese sogenannten „Schatten-Momente" können sich äußern durch:

✓ **Selbstzweifel und Perfektionismus.**

✓ **Angst vor Sichtbarkeit oder Kritik.**

✓ **Prokrastination und Unentschlossenheit.**

So gehst du damit um:

✓ **Akzeptiere, dass Widerstand normal ist.**

✓ **Erkenne die Angst und analysiere, woher sie kommt.**

✓ **Finde einen Weg, trotz Angst zu handeln.** (Angst verschwindet nicht durch Nachdenken, sondern durch Tun!)

→ **Übung:** Notiere alle Ängste oder Zweifel, die dich bremsen. Schreibe zu jeder Angst eine positive Alternative auf, die dir Kraft gibt.

B. Die „Unbequeme Wahrheit" – Erfolg bedeutet Veränderung

Viele Menschen wünschen sich Erfolg, aber nicht die Veränderung, die dazu nötig ist. Doch **Potenzialentfaltung bedeutet Wachstum – und Wachstum bedeutet, Altes loszulassen.**

✓ **Bist du bereit, dein Umfeld anzupassen?** Manchmal sind es die Menschen um uns herum, die uns unbewusst bremsen. ✓ **Bist du bereit, Komfortzonen zu verlassen?** Wachstum entsteht dort, wo es unbequem wird. ✓ **Bist du bereit, Fehler als Teil des Prozesses zu akzeptieren?** Jeder Fortschritt bringt Lernphasen mit sich.

→ **Fazit:** Wachstum bedeutet, Risiken einzugehen – aber die Belohnung ist es wert.

---

4. Dein Fahrplan zur Potenzialentfaltung

Damit du dein volles Potenzial langfristig ausschöpfst, hilft ein strukturierter Plan:

✓ **Wöchentlich:** Eine bewusste Handlung setzen, die dich herausfordert.

✓ **Monatlich:** Dein Fortschritt reflektieren und neue Ziele setzen.

✓ **Jährlich:** Eine große Herausforderung angehen, die dich in deiner Entwicklung weiterbringt.

→ **Tipp:** Erstelle eine „Erfolgs-Landkarte", auf der du festhältst, welche Ziele du erreichst und welche du noch angehen willst.

---

5. Tiefere Einblicke in deine Potenzialentfaltung

Dein Potenzial zu entfalten bedeutet nicht nur, dein neues Selbstbild zu leben, sondern auch bewusst Grenzen zu durchbrechen. Viele Menschen bleiben unbewusst unter ihren Möglichkeiten, weil sie nicht wissen, wie sie ihr Potenzial systematisch steigern können.

In diesem erweiterten Abschnitt bekommst du tiefere Einblicke in **fortgeschrittene Strategien, wissenschaftlich fundierte Methoden und psychologische Werkzeuge**, um dein volles Potenzial zu entfalten.

A. Die „Selbstbild-Erweiterungs-Strategie" – Lerne größer zu denken

Oft halten wir uns selbst klein, weil wir das, was wir für möglich halten, an unseren bisherigen Erfahrungen messen. Doch was wäre, wenn du dein Denken von Grund auf vergrößerst?

So funktioniert die Selbstbild-Erweiterung:

✓ **Erkenne deine Limitierungen:** Welche Gedanken oder Glaubenssätze halten dich zurück? (z. B. „Ich bin nicht gut genug für diese Aufgabe.")

✓ **Denke größer:** Frage dich: *Was wäre, wenn ich doppelt so viel erreichen könnte, wie ich mir jetzt zutraue?*

✓ **Finde Beweise für deine Möglichkeiten:** Suche bewusst nach Beispielen in deinem Leben, die zeigen, dass du bereits über deine bisherigen Grenzen hinausgewachsen bist.

✓ **Trainiere dein Denken täglich:** Notiere dir jeden Abend eine Situation, in der du mutig nach deinem neuen Potenzial gehandelt hast.

→ **Tipp:** Lies regelmäßig inspirierende Biografien von Menschen, die sich von Selbstzweifeln nicht aufhalten ließen – sie erweitern dein Verständnis dessen, was möglich ist.

B. Die „Selbstwirksamkeits-Formel" – Wie du deine mentale Kraft verstärkst

Selbstwirksamkeit beschreibt das Vertrauen in die eigene Fähigkeit, Herausforderungen zu meistern. Studien zeigen, dass Menschen mit hoher Selbstwirksamkeit **konsequenter an ihren Zielen arbeiten und Rückschläge besser bewältigen** (Bandura, 1997).

Die 3-Schritte-Selbstwirksamkeits-Formel:

1. **Erfolgserlebnisse sammeln:** Mache dir bewusst, wann du bereits Herausforderungen erfolgreich gemeistert hast.

2. **Mentale Wiederholung nutzen:** Stell dir wiederholt vor,
    wie du eine schwierige Aufgabe erfolgreich bewältigst.

3. **Gezielte Herausforderungen suchen:** Setze dir bewusst
    Aufgaben, die dich fordern, aber erreichbar sind – dein
    Gehirn lernt dadurch, dass du mehr kannst, als du
    denkst.

→ **Übung:** Erstelle eine Liste mit „Mini-Herausforderungen", die
du in den nächsten Wochen angehen kannst. Jeder kleine Erfolg
stärkt deine Selbstwirksamkeit.

**C. Die „Flow-Zustand-Technik" – Dein Potenzial maximal
nutzen**

Der **Flow-Zustand** ist ein mentaler Zustand, in dem du
vollkommen in eine Aufgabe vertieft bist und dein Potenzial
optimal nutzt. Studien zeigen, dass Menschen im Flow **bis zu
500 % produktiver sind** und deutlich mehr Freude an ihrer
Arbeit haben (Csikszentmihalyi, 1990).

**Wie du Flow gezielt erzeugst: ✓ Finde die optimale
Herausforderung:** Die Aufgabe sollte weder zu leicht noch zu
schwer sein – sie muss dich fordern, aber nicht überfordern.

✓ **Setze dir klare Ziele:** Dein Gehirn braucht eine klare
Richtung, um sich zu fokussieren.

✓ **Eliminiere Ablenkungen:** Flow entsteht nur, wenn du dich
vollständig auf eine Aufgabe konzentrieren kannst.

✓ **Nutze bewusste Zeitfenster:** Plane jeden Tag 90 Minuten für
tiefes, konzentriertes Arbeiten an einem Ziel.

→ **Tipp:** Beobachte, wann du bereits Flow erlebt hast – und erschaffe bewusst mehr solcher Momente in deinem Alltag.

D. Die „Erfolgs-Identitäts-Technik" – Verhalte dich wie dein zukünftiges Ich

Eine der effektivsten Methoden, um dein Potenzial zu entfalten, ist, dich bewusst so zu verhalten, als wärst du bereits die beste Version deiner selbst.

So nutzt du die Erfolgs-Identitäts-Technik:

1. **Visualisiere dein zukünftiges Ich:** Stelle dir genau vor, wie du dich verhältst, wenn du dein volles Potenzial lebst.

2. **Handle danach:** Stelle dir jeden Tag die Frage: *Wie würde mein zukünftiges Ich in dieser Situation handeln?* – und handle entsprechend.

3. **Beobachte deine Veränderungen:** Je öfter du dein zukünftiges Ich verkörperst, desto natürlicher wird es.

→ **Übung:** Schreibe einen Brief aus der Zukunft an dein jetziges Ich. Beschreibe detailliert, wie du dein Potenzial entfaltet hast und was du gelernt hast.

E. Die „Lebensvision-Methode" – Langfristige Orientierung schaffen

Menschen, die ihr volles Potenzial entfalten, haben eine **klare Vision für ihr Leben**. Ohne klare Richtung bleiben viele in kurzfristigem Denken stecken.

Wie du deine Lebensvision entwickelst:

✓ **Stelle dir vor, dass du in 10 Jahren auf dein Leben zurückblickst.** Was möchtest du erreicht haben? Was soll dir wichtig gewesen sein?

✓ **Schreibe deine Vision auf.** Formuliere sie in einer inspirierenden Weise, die dich emotional berührt.

✓ **Nutze deine Vision als Entscheidungsgrundlage.** Frage dich bei wichtigen Entscheidungen: *Bringt mich das meiner Vision näher oder entfernt es mich davon?*

→ **Tipp:** Lies deine Vision jeden Morgen durch – dein Unterbewusstsein wird sie automatisch in dein Denken und Handeln integrieren.

---

6. Dein persönlicher Potenzial-Entfaltungsplan

Damit du dein Potenzial nicht nur erkennst, sondern auch gezielt nutzt, hilft eine klare Struktur:

✓ **Täglich:** 10 Minuten Reflexion – Wo habe ich heute mein Potenzial genutzt? Wo kann ich noch wachsen?

✓ **Wöchentlich:** Eine mutige Handlung umsetzen, die dich weiterbringt.

✓ **Monatlich:** Eine Herausforderung annehmen, die dein Denken erweitert.

✓ **Jährlich:** Ein großes Ziel setzen und darauf hinarbeiten.

➞ **Fazit:** Dein Potenzial ist nicht begrenzt – es wächst mit deinen Taten. Je bewusster du dein Denken und Handeln darauf ausrichtest, desto mehr wirst du erreichen.

> **Fazit: Dein Potenzial entfalten – jeden Tag ein Stück mehr**

Kapitel 10: Dein neues Leben beginnt jetzt – Werde zum Autor deiner eigenen Geschichte

Denke einen Moment darüber nach: Was hat sich in dir verändert, seit du dieses Buch aufgeschlagen hast? Welche Gedanken denkst du heute anders? Welche Ängste fühlen sich weniger übermächtig an? Welche neuen Möglichkeiten kannst du jetzt erkennen, die dir zuvor verborgen geblieben sind?

Das ist kein Zufall.

Du hast gelernt, dass dein Selbstbild formbar ist, dass deine Gedanken nicht die ultimative Wahrheit sind und dass du durch bewusstes Handeln dein Leben aktiv gestalten kannst. Vielleicht hast du schon erste Schritte in diese Richtung gemacht. Vielleicht fühlt sich das alles noch neu an. Doch eines ist sicher:

→ **Du bist nicht mehr derselbe Mensch, der du vor diesem Buch warst.**

Jeder Moment ist eine Gelegenheit, in dein neues Ich hineinzuwachsen. Und das Beste daran? **Du bestimmst die Regeln.**

2. Veränderung ist eine bewusste Entscheidung – jeden Tag aufs Neue

Der größte Fehler, den Menschen nach einer Transformation machen, ist zu glauben, dass sie jetzt „fertig" sind. Doch echte Veränderung ist kein Ziel, sondern ein Weg. Jeder Tag gibt dir die Möglichkeit, deine neue Realität zu festigen oder in alte Muster zurückzufallen.

Doch jetzt weißt du, dass du die Wahl hast.

✓ Du kannst jeden Morgen entscheiden, nach deinem neuen Selbstbild zu handeln.

✓ Du kannst jeden Tag bewusst aus der Komfortzone treten und wachsen.

✓ Du kannst dir selbst vergeben, wenn du mal stolperst – und weitermachen.

→ Erfolg ist nicht das Fehlen von Fehlern, sondern die Fähigkeit, nach jedem Fall wieder aufzustehen.

3. Dein Fahrplan für nachhaltige Veränderung

Es ist leicht, sich nach dem Lesen eines Buches inspiriert zu fühlen. Doch Inspiration allein verändert nichts. Veränderung entsteht erst, wenn du bewusst handelst. Deshalb bekommst du hier einen **klaren Plan**, um deine neuen Erkenntnisse langfristig in deinem Leben zu verankern.

Die 3-Säulen-Strategie für langfristige Veränderung:

1. **Erinnere dich täglich an dein neues Selbstbild.**

   o   Lies dir deine Affirmationen laut vor.

   o   Visualisiere dein zukünftiges Ich.

   o   Führe ein Erfolgsjournal, in dem du deine Fortschritte dokumentierst.

2. **Setze wöchentlich bewusste Wachstumsschritte.**

   o   Fordere dich selbst heraus (eine neue Aufgabe, eine mutige Entscheidung).

   o   Feiere deine Erfolge – egal, wie klein sie sind.

   o   Bleibe reflektiert: Was hat gut funktioniert? Was kannst du noch verbessern?

3. **Plane jeden Monat eine größere Herausforderung.**

   o   Lerne etwas Neues, das dein Selbstbild weiterentwickelt.

   o   Stelle dich bewusst einer Angst oder einer unbequemen Situation.

   o   Hinterfrage alte Glaubenssätze und ersetze sie durch stärkende Überzeugungen.

→ Veränderung passiert nicht über Nacht – aber sie passiert, wenn du dranbleibst.

4. Der wichtigste Schlüssel: Selbstmitgefühl

Viele Menschen scheitern an der Veränderung, weil sie sich selbst zu hart bewerten. Sie denken: *„Ich habe wieder versagt."* oder *„Ich bin nicht gut genug."* Doch genau hier liegt der größte Fehler.

Es geht nicht darum, perfekt zu sein. Es geht darum, immer wieder weiterzumachen.

✓ Verzeihe dir Rückfälle – sie gehören zum Lernprozess dazu.

✓ Erkenne, dass du bereits unendlich gewachsen bist.

✓ Feiere nicht nur große Erfolge, sondern auch jeden kleinen Fortschritt.

→ Du bist nicht deine Fehler – du bist deine Fähigkeit, daraus zu lernen.

---

5. Die letzte Erkenntnis: Dein Leben ist ein ungeschriebenes Buch

Jetzt, wo du dieses Kapitel erreicht hast, stelle dir eine Frage:

→ Was willst du mit diesem Wissen tun?

Du kannst dieses Buch zur Seite legen und dein altes Leben weiterführen. Oder du kannst bewusst die Entscheidung treffen, dein Leben aktiv zu gestalten – **als der Mensch, der du sein willst.**

Das Leben gibt dir keine Garantie. Es gibt dir keine Sicherheit. Doch es gibt dir eine unendliche Leinwand, auf der du deine Geschichte schreiben kannst.

Du bist der Autor.

Was wirst du erschaffen?

Fazit: Deine Reise hat erst begonnen

Dieses Buch war nur der Anfang. Du hast jetzt alle Werkzeuge, um dein Leben bewusst zu formen und dein volles Potenzial auszuschöpfen. **Doch die eigentliche Veränderung passiert nicht durch das Wissen – sondern durch das, was du daraus machst.**

→ Geh raus. Handle. Werde der Mensch, der du immer sein wolltest.

Denn du bist es wert.

Selbsttest: Wie stark beeinflusst Angst deinen Alltag?

💬 *"Nur wer sich selbst erkennt, kann sich selbst befreien."*

Finde heraus, wie sehr Ängste, Sorgen oder innere Unruhe deinen Alltag prägen.

Kreuze bei jeder Frage die Antwort an, die am besten auf dich zutrifft.

Am Ende erfährst du, wo du gerade stehst – ganz ohne Urteil, nur mit Verständnis.

---

1. Fühlst du dich oft überfordert, obwohl objektiv „nichts los" ist?

[ ] Nie – 0 Punkte
[ ] Selten – 1 Punkt
[ ] Oft – 2 Punkte
[ ] Fast täglich – 3 Punkte

---

2. Vermeidest du bestimmte Situationen (z. B. Menschenmengen, Telefonate, Termine)?

[ ] Nein – 0 Punkte
[ ] Manchmal – 1 Punkt
[ ] Häufig – 2 Punkte
[ ] Fast immer – 3 Punkte

---

3. Hast du körperliche Symptome bei Angst (z. B. Herzrasen, Zittern, Engegefühl)?

[ ] Nie – 0 Punkte

[ ] Ab und zu – 1 Punkt

[ ] Regelmäßig – 2 Punkte

[ ] Sehr häufig – 3 Punkte

---

4. Fühlst du dich innerlich oft „unruhig" oder ständig „angespannt"?

[ ] Nein – 0 Punkte

[ ] Leicht – 1 Punkt

[ ] Ja – 2 Punkte

[ ] Extrem – 3 Punkte

---

5. Wie oft hält dich Angst davon ab, Dinge zu tun, die du eigentlich gerne machen würdest?

[ ] Nie – 0 Punkte

[ ] Selten – 1 Punkt

[ ] Regelmäßig – 2 Punkte

[ ] Sehr oft – 3 Punkte

---

6. Wälzt du nachts Sorgen oder Gedanken und kannst deswegen schwer einschlafen?

[ ] Nie – 0 Punkte

[ ] Selten – 1 Punkt

[ ] Oft – 2 Punkte
[ ] Fast jede Nacht – 3 Punkte

---

7. Hast du das Gefühl, „funktionieren zu müssen", obwohl du innerlich kämpfst?

[ ] Nein – 0 Punkte
[ ] Manchmal – 1 Punkt
[ ] Oft – 2 Punkte
[ ] Immer – 3 Punkte

---

8. Glaubst du, dass andere dich als „zu sensibel" empfinden?

[ ] Nein – 0 Punkte
[ ] Vielleicht – 1 Punkt
[ ] Ja – 2 Punkte
[ ] Ja, sehr oft – 3 Punkte

---

9. Wie oft denkst du „Ich halte das alles nicht mehr lange aus"?

[ ] Nie – 0 Punkte
[ ] Gelegentlich – 1 Punkt
[ ] Regelmäßig – 2 Punkte
[ ] Sehr oft – 3 Punkte

✅ **Auswertung: Was sagt dein Punktestand über dich aus?**

Zähle nun deine erreichten Punkte aus den 9 Fragen zusammen. Du erhältst eine erste Einschätzung – ganz ohne Bewertung.
Bitte denk daran: Dieser Test ersetzt keine Diagnose, sondern dient nur der ersten Orientierung und Selbstreflexion.

🌱 **0–6 Punkte: Innere Stabilität mit gesunder Achtsamkeit**

Du scheinst aktuell in einer innerlich stabilen Phase zu sein. Ängste oder Sorgen spielen in deinem Alltag wahrscheinlich keine große Rolle oder treten nur situativ auf.
Das bedeutet nicht, dass du nie zweifelst oder nie überfordert bist – aber du scheinst Strategien entwickelt zu haben, mit emotionalen Herausforderungen gut umzugehen.

◆ **Tipp: Nimm deine innere Stärke wahr – und bleib achtsam mit dir. Auch stabile Phasen dürfen Raum für Selbstfürsorge und Pausen haben.**

🪫 **7–13 Punkte: Spürbare Anspannung – erste Warnsignale**

Du erlebst phasenweise Unsicherheit, Sorgen oder Überforderung. Vielleicht sind es bestimmte Situationen, die dich regelmäßig ins Grübeln bringen oder dich an deine Grenzen führen. Noch kannst du vieles ausgleichen – doch es lohnt sich, genauer hinzuschauen.

◆ **Was du tun kannst:**
Beginne, dein Stresslevel bewusst zu beobachten. Schon

kleine Rituale (z. B. Atemübungen, feste Ruhezeiten, Nein-Sagen) können helfen, dein Nervensystem zu entlasten.

✸ Sei ehrlich mit dir: Wenn du häufiger das Gefühl hast, dich „zusammenreißen" zu müssen, darfst du überlegen, ob du dir Entlastung wünschst – im Außen oder durch innere Veränderung.

🌿 **14–20 Punkte: Deine Ängste nehmen spürbar Raum ein**

Deine Gedanken kreisen auffällig oft um Sorgen, Überforderung oder Rückzug. Wahrscheinlich bist du oft angespannt, erschöpft oder reagierst sensibler auf äußere Reize.
Vielleicht fühlst du dich, als würdest du im Alltag „funktionieren", obwohl du innerlich kämpfst.

◆ **Was du tun kannst:**
Du musst das nicht allein tragen. Angst ist kein Zeichen von Schwäche – sondern ein Signal deiner Seele, dass etwas gesehen und gehalten werden will.
Gespräche mit vertrauten Menschen, Entlastung im Alltag und erste kleine Veränderungen (z. B. Bewegung, strukturierter Tagesplan, gezielter Medienkonsum) können helfen.

⚠ Wichtig: Wenn du merkst, dass du regelmäßig durch Ängste ausgebremst wirst oder der Alltag zur Belastung wird, wäre es sinnvoll, mit einem Arzt oder einer psychologischen Fachperson zu sprechen. Professionelle Hilfe kann entlasten und neue Wege eröffnen – ohne Wertung.

♣ **21–27 Punkte: Starke Belastung – du trägst viel allein**

Dein Punktestand deutet darauf hin, dass du stark belastet bist. Angst, Erschöpfung, Rückzug oder Überforderung könnten in deinem Leben einen großen Raum einnehmen. Vielleicht hast du das Gefühl, „alles wächst dir über den Kopf" oder „niemand versteht dich wirklich".

◆ **Was du jetzt tun kannst:**
Bitte nimm dein Empfinden ernst. Niemand sollte sich dauerhaft durch den Tag kämpfen müssen.
Du darfst dir Hilfe holen. Es ist keine Schwäche – sondern ein mutiger, starker Schritt.

🏥 **Hinweis:** In deiner Situation wäre es sehr sinnvoll, ein Gespräch mit einer Ärztin, einem Therapeuten oder einer Beratungsstelle zu führen. Auch dein Hausarzt kann dir helfen, den ersten Schritt zu gehen. Je früher du dich öffnest, desto leichter wird der Weg.

🩶 **Du bist nicht allein. Du bist nicht falsch. Und es gibt Hilfe.**

Literaturverzeichnis

- Bandura, A. (1997). *Self-Efficacy: The Exercise of Control*. New York: W.H. Freeman.

- Beck, A. T. (2011). *Cognitive Therapy: Basics and Beyond*. New York: Guilford Press.

- Csikszentmihalyi, M. (1990). *Flow: The Psychology of Optimal Experience*. Harper & Row.

- Dweck, C. S. (2006). *Mindset: The New Psychology of Success*. Random House.

- Kahneman, D. (2011). *Thinking, Fast and Slow*. Farrar, Straus and Giroux.

- Taylor, J. B. (2006). *My Stroke of Insight: A Brain Scientist's Personal Journey*. Viking Press.

- Ellis, A. (2001). *Overcoming Destructive Beliefs, Feelings, and Behaviors: New Directions for Rational Emotive Behavior Therapy*. Prometheus Books.

- Foa, E. B., & Kozak, M. J. (1986). *Emotional Processing of Fear: Exposure to Corrective Information*. Psychological Bulletin, 99(1), 20–35.

- Hayes, S. C., & Smith, S. (2005). *Get Out of Your Mind and Into Your Life: The New Acceptance and Commitment Therapy*. New Harbinger.

- LeDoux, J. (1998). *The Emotional Brain: The Mysterious Underpinnings of Emotional Life*. Simon & Schuster.

- Porges, S. W. (2011). *The Polyvagal Theory: Neurophysiological Foundations of Emotions, Attachment, Communication, and Self-Regulation*. Norton.

- Carney, D. R., Cuddy, A. J. C., & Yap, A. J. (2010). *Power Posing: Brief Nonverbal Displays Affect Neuroendocrine Levels and Risk Tolerance*. Psychological Science, 21(10), 1363–1368.

- Markus, H., & Nurius, P. (1986). *Possible Selves*. American Psychologist, 41(9), 954–969.

- Swann, W. B. (1987). *Identity Negotiation: Where Two Roads Meet*. Journal of Personality and Social Psychology, 53(6), 1038–1051.

- Taylor, S. E., & Brown, J. D. (1988). *Illusion and Well-Being: A Social Psychological Perspective on Mental Health*. Psychological Bulletin, 103(2), 193–210.

- Goleman, D. (1995). *Emotional Intelligence: Why It Can Matter More Than IQ*. Bantam Books.

- Neff, K. (2011). *Self-Compassion: Stop Beating Yourself Up and Leave Insecurity Behind*. HarperCollins.

- Seligman, M. E. P. (2002). *Authentic Happiness: Using the New Positive Psychology to Realize Your Potential for Lasting Fulfillment*. Free Press.

- Zimbardo, P. G., & Boyd, J. N. (2008). *The Time Paradox: The New Psychology of Time That Will Change Your Life*. Free Press.